马尔库塞“单向度的人”的批判创造性研究

蔡甜甜 著

西安交通大學出版社
XI'AN JIAOTONG UNIVERSITY PRESS

图书在版编目(CIP)数据

马尔库塞“单向度的人”的批判创造性研究 / 蔡甜甜著. -- 西安 : 西安交通大学出版社, 2025. 5.
ISBN 978-7-5693-4104-1

Ⅰ. B712. 59; C91

中国国家版本馆 CIP 数据核字第 20251Q1A69 号

书　　名　马尔库塞“单向度的人”的批判创造性研究
MA'ERKUSAI“DANXIANGDU DE REN”DE PIPAN CHUANGZAOXING YANJIU

著　　者　蔡甜甜
策划编辑　雒海宁
责任编辑　雒海宁
责任校对　李逢国
封面设计　伍　胜

出版发行　西安交通大学出版社
（西安市兴庆南路 1 号　邮政编码 710048）
网　　址　http://www. xjtupress. com
电　　话　(029)82668357　82667874(市场营销中心)
(029)82668315(总编办)
传　　真　(029)82668280
印　　刷　西安五星印刷有限公司

开　　本　720mm×1000mm　1/16　**印张**　11. 625　**字数**　167 千字
版次印次　2025 年 5 月第 1 版　2025 年 5 月第 1 次印刷
书　　号　ISBN 978-7-5693-4104-1
定　　价　79. 00 元

如发现印装质量问题,请与本社市场营销中心联系。
订购热线:(029)82665248　(029)82667874
投稿热线:(029)82664840　QQ:363342078
读者信箱:363342078@qq. com

前　言

批判性研究马尔库塞技术批判理论的必要性在于，党的二十大进一步强化了科技创新在全面创新中的核心引领地位。如果在马尔库塞等西方马克思主义者对科学技术的批判面前，中国学界无法提出本土化的科技创新理论，不能以科学、客观、公正的态度推动全球科技发展，也无法从中国文化哲学视角回应西方工业文明导致的“单向度的人”等异化问题，那么我们将难以有效回答科学技术如何对人类未来的生存命运与文化发展产生积极作用。西方资本主义社会自马克思发现劳动“异化”、卢卡奇发现商品“物化”、韦伯发现社会“合理化”之后，进入到当代发达工业社会，依然没有真正迎来马克思主义意义上的人的自由全面的解放，这是因为在看似富裕的社会文化生活中，“物化”已渗透至社会意识形态领域，形成奇异的“一体化”现象，而这就是马尔库塞所观察到的发达工业社会中人类理性发展的最新形态——“单向度的人”。在马尔库塞看来，技术理性发展之所以呈现繁花似锦的样态，实际上是因为资本主义统治阶级不再以暴力镇压阶级矛盾冲突，而是通过隐匿的技术理性使“剥削”变得更为巧妙而已。阶级矛盾冲突消融在物质享乐中，这使马尔库塞认识到，西方发达工业社会继续如此发展下去，阶级意识、革命意识、否定性思维乃至哲学的批判都将最终消失。马尔库塞把消失的原因归咎于技术理性的无限制发展，这是有一定道理的，但又显得悲观和绝对。“一体化”是资本主义社会发展到当代呈现出的新形态，但是仅仅将新形态出现的原因在文化层面上进行技术理性批判是解决不了根本问题的。

本书认为，欲从根本上解决技术理性异化的问题，一是要运用马克思的唯物史观充分论证造成西方发达工业社会物质富裕、精神匮乏的根本原因是资本主义的社会制度;二是要肯定马尔库塞对西方发达工业社会的文化哲学批判是对马克思主义文化哲学思想的重要补充和发展,但这样的补充和发展仍然是有局限性的;三是马克思主义文化哲学的中国化,只有从中国传统文化哲学中汲取思想元素并立足当代中国文化哲学自主知识体系进行建构,在人的全面解放问题上提出文化哲学层面的设想,才能为西方发达工业社会的文化发展困境提供中国式的"诊疗"方案。该方案不仅能解决科技发展带来的全球性问题,还能促进多元文化的交流协作与共同发展。

本书绪论是对马尔库塞技术批判理论及其局限的论述,重点从马尔库塞技术批判作为其文化批判的方法、"单向度的人"作为马尔库塞技术批判的结果、马克思主义文化哲学中国化对人的全面解放的理解、马克思主义文化哲学中国化对马尔库塞技术批判理论的批判进行研究。然后,绪论又从国内外研究现状,研究意义、思路与方法两个方面对有关马尔库塞技术批判理论的批判性研究内容进行介绍。

第一章分析马尔库塞技术批判理论的形成原因并介绍其基本内容。本章首先探讨马尔库塞技术批判理论的思想渊源,从马尔库塞的生活经验与思想历程、黑格尔的影响、海德格尔存在主义现象学、霍克海默的批判理论、弗洛伊德的精神分析理论五个方面展开,探讨马尔库塞如何将这些理论融合形成自己的技术批判理论。本章阐述马尔库塞技术批判理论的内容时,从对发达工业社会的批判、生命哲学的审美之维、以"单向度的人"反抗西方技术文明三个方面进行梳理,旨在研究马尔库塞技术批判理论中具有当代马克思主义文化哲学研究价值和意义的重要内容。

第二章阐释马尔库塞技术批判理论与马克思主义文化哲学的关系。本章在马克思主义文化哲学发展历史中定位马尔库塞技术批判理论的重要历史地位,并在具体历史环境中辩证分析研究马尔库塞技术批判理论对马克思主义文化哲学的继承、发展与自身存在的局限:一是再次明确马尔库塞技术批判理论中存在的论证方法和结果的局限性问题，二是为第三章、第四章同是以马克思主义理论思想为指导所建构的中国当代多元对等互动文化哲学（马克思主义文化哲学中国化实践内容）夯实比较研究的背景基础。所以，本章将从马克思主义文化哲学的生成和发展、马尔库塞技术批判理论对马克思主义文化哲学的深度阐释、马克思主义文化哲学对马尔库塞技术批判理论的审视三个方面进行阐释性研究。

第三章阐述马克思主义文化哲学中国化的基本内容。本章探讨中华优秀传统文化与当代多元对等互动文化哲学建构对马克思主义文化哲学的继承、融合和拓展关系，论述中国当代多元对等互动文化哲学与马克思主义文化哲学结合后的中国化内容，试图解决马尔库塞技术批判理论的局限性问题。本章从中华优秀传统文化中的互动文化哲学、中国当代多元对等互动文化哲学建构、马克思主义文化哲学与中国当代多元对等互动文化哲学的融合三个方面进行分析论证。

第四章论述马克思主义文化哲学中国化对马尔库塞技术批判理论之批判。本章尝试从“对马尔库塞技术批判理论之审视”展开对马尔库塞“单向度的人”进行改造，探索中国式马克思主义文化哲学解决技术理性异化问题的路径。

在科技全球化浪潮与多元文化深度交融的时代语境下，本书立足马克思主义文化哲学理论传统，基于对马尔库塞“单向度的人”的深度分析，既对西方技术理性展开反思性探讨，也扎根中国实践土壤，从本土智慧中汲取养分，为人类文明发展的理论探索贡献中国视角的思考。本书在既有研究基础上进行本土化探索尝试，特别针对技术理性异化这一当代社会面临的共性问题进行了探索研究。这些探索或许尚显初步，但笔者期待能以此为契机，引发更多学界关注与讨论。

目　录

绪　论

第一节　马尔库塞技术批判理论及其局限

一、马尔库塞技术批判作为其文化批判的方法

马尔库塞是西方马克思主义的代表，也是法兰克福学派的核心人物。自 20 世纪 30 年代进入法兰克福研究所以来，马尔库塞与霍克海默、阿多诺等共同致力于西方社会批判理论的科研工作。直到 20 世纪 40 年代，马尔库塞逐渐转向对西方科学技术理性的批判研究并由此延续一生。

马尔库塞的技术批判理论延续了法兰克福学派的文化批判路线，不同之处在于，他以技术批判为切入口，对资本主义社会进行了全面的批判。在政治、经济、文化、科技等领域，马尔库塞深刻揭露了西方技术理性在成为极权统治新模式后对社会各个方面进行控制的过程。马尔库塞在走出西方形而上学的哲学批判后转向了马克思政治经济学批判的路径，充分运用马克思主义辩证法深刻分析西方发达工业社会下的阶级矛盾、社会结构、社会制度等，并进一步阐述了马克思政治经济学的重要批判领域——意识形态领域。

在对意识形态领域的批判中，马尔库塞以技术批判为主要方法，由外到内、层层解析发达资本主义社会虚假的物质繁荣和匮乏的精神内核。由于技术—效率本身具有普遍控制的内在属性，所以技术理性先从经济领域入手，将生产效率变为生活效率，让追求高效的物质利益生产变为整个社会的奋斗目标。人们的生活发生重大变化，其特点表现为社会成员与社会一同

变为“生产机器”,并自觉地进入社会极权控制与支配的体制内。马尔库塞认为,在技术统治下的社会中,人们的需求因遭到政权阶级的引导和控制从而本身就是虚假的,人们的一切选择和意愿是被限定在引导和控制范围以内的。技术理性通过改变劳动者生活领域的各个方面,逐渐在意识形态上使劳动者接受既有社会制度和规则,使得社会呈现出独特的“无反对派”的新面貌。甚至与社会具有一定疏离关系的文化领域,也在技术理性的统治下形成了不具有批判性和否定性功能的“肯定性文化”。

“技术—统治”这一隐性的极权发展模式,渗透在社会的各个领域,使人类的全面解放陷入前所未有的困境。为此,马尔库塞不断研究解决之策。针对技术理性在社会各领域已形成的较为稳定的观念,马尔库塞提出,应以技术理性导致的人性异化为核心研究对象,借助具有感性特质的文化艺术等与社会现实存在疏离感的内容形式,实现个体思想观念的重塑,使个体具有否定性、反抗性力量,具有解放意识,进而逐步推动阶级力量的会聚,最终实现推翻资本主义政权统治的目标。马尔库塞通过对感性解放和个体解放路径的探讨,继承和发展了马克思人的全面解放理论,这是其技术批判理论的重要贡献。马尔库塞对马克思关于人的全面解放理论思想的坚守证明,马克思有关人的全面解放的理论及思想是推翻资本主义制度、带领世界人民走向共产主义的真理。

在研究中国及西方资本主义国家各自的发展问题时,我们应坚定不移地以马克思主义为指导,具体问题具体分析,对同样具有“肯定性”特征的东西方文化等问题进行细致、深入的甄别性研究;发挥马克思主义哲学的批判功能,对马尔库塞否定的享乐式工业文明造成的各种负面后果继续保持高度的警觉和危机意识;运用马克思主义的唯物辩证法,由依附于技术的批判转变为客观地、辩证地认识技术与文化的复杂关系。

二、“单向度的人”作为马尔库塞技术批判的结果

“单向度的人”不同于以往包括工业文明在内的社会历史形态中的“奴隶”或劳动者,他们特指现代工业社会中包括白领阶层在内的新型工人阶

级。这一阶级在合理化的社会体制中逐渐失去了反抗力量,并乐于接受和迎合富裕物质世界的一切安排。非生产性工人数量的增加直接导致职业阶层被重新划分,以及价值被重构。白领阶层的劳动者数量逐渐增多,蓝领阶层的劳动者数量逐渐减少。以自动化、机械化为核心的技术体系在相对解放了人的体力劳动后,代替了人在生产过程中原有的主体性地位,人不再具有自主选择和否定的权力,与机械化生产融为了一体。

“单向度的人”的出现是与资本主义的发展密切相关的。当资本主义迈入发达工业社会后,因过度发展科学技术理性导致新的极权统治形式——技术统治出现,使世界和平发展及人类自由全面的解放遭遇新的历史难题。科学技术在被资本驾驭后不仅失去了中立性,更成为维护资本主义政权统治的异化力量。在单向度社会的发展中,科学技术理性制造出一个极为富裕的物质世界,这是以牺牲感性生命的精神世界为代价而建构的。发达工业社会中的个体因此不再具有追求精神价值的能力,爱欲本能也呈现退化特征,生命理想及信仰陷入利益至上、金钱至上、及时享乐的窠臼,由此才形成了无思想性、否定性、无上进心的“单向度的人”。他是发达工业社会历史发展中出现的一个全新又独特的人的异化形式。

在唯物史观视域下,马尔库塞以辩证法为批判武器,深刻揭示了现代科学技术和技术理性发展在形成社会全面管理的体系后所导致的劳动者地位和价值观的变化。当工人阶级被整合进社会系统时,其作为社会否定力量和批判力量的主体性逐渐消解。对此,马尔库塞以激进的态度予以批判。他认为,合理化的外在现实下所隐含的单向度社会的发展必然会导致人的感性活动、自然生态等发生毁灭性的变化,出现单向度的人并不是社会进化发展的积极表现。虽然现代发达工业社会中劳动者的物质生活条件得到很大的改善,但是物性张扬、人性空场的现实致使劳动者丧失了“全面发展的人”的一个基本能力——否定和批判的能力,在人失去了自我超越的可能及动力后,社会由技术进行全面统治,人逐渐成为被不合理的社会现实同化的人,这是由似乎满意的生活产生的新的人的异化。

对此,马尔库塞一生都在思考如何摆脱成为“单向度的人”。在20世纪

50年代一次反对越南战争的讲座上，马尔库塞提出了“超越单向度的人”的观点：发达资本主义社会可以通过解放艺术、审美、想象力等来解放人的感性生命，使人得到自由而全面的发展。然而，马尔库塞的这些具有“乌托邦式”色彩的思想因无法将理论与实践相结合而备受争议。实际上，按照马克思政治经济学的批判逻辑，如果不改变资本主义的根本社会制度和文化结构，任何西方文化中心主义的变革都是“乌托邦式”的变形。

马尔库塞在思考如何解决“单向度的人”的发展问题时，选择在马克思关于人的全面解放理论中寻求答案。从理论传承与现实批判的双重维度来看，历史已证明这一选择具有合理性。他运用唯物史观和辩证法的分析框架，精准剖析了发达工业社会的新特征，揭示其存在的深层次问题，有力推动了西方马克思主义理论的发展。然而，他提出的具体解决方案，相关策略的实际效能却相对有限。这固然与晚期资本主义社会的系统性异化特征有关，也反映出理论构想与实践路径之间存在的差异。鉴于此，我们需要在当代语境下重新审视马尔库塞技术批判理论的方法论价值及其结论的历史局限性，在批判性继承的基础上推动其理论在当代的发展。这种再审视不仅有助于深化人们对技术理性统治下人类生存困境的认识，更能为新时代人的自由全面发展提供有益的理论参照。

三、马克思主义文化哲学中国化对人的全面解放的理解

进入现代以来，以马尔库塞为代表的西方马克思主义者试图通过批判西方技术理性异化问题寻求人的感性生命解放的实践方法，在唤起人被压抑的感性意识并自觉走向个体解放的方面取得了不俗的成就。现代西方发达工业社会凭借科学技术理性的迅猛发展，通过合理化、一体化的政治手段将阶级矛盾进行调和，让人误以为进入了共同富裕、走向了感性生命解放的社会。由于私有制对剩余价值的榨取从未停止过，从政治、经济的角度来看，资本主义表面的虚假繁荣似乎并没有太大的问题，但从文化的角度来看，人的自由个性、感性生命还是从根本上受到了抑制。因为具有批判和否定社会的能力作为人的自由个性的根本标志，人依然需要对似乎满意的虚

假繁荣进行批判。工人阶级想通过暴力革命的方式改变这个已被虚假繁荣遮蔽的社会制度及结构，但不可能实现。因此，以马尔库塞为代表的法兰克福学派试图通过个体感性解放理论为瓦解晚期资本主义的总体性统治提供了批判性路径，这一探索具有历史语境中的合理性。

这就对实现人的全面解放之问题给出了新的任务，而这个任务是具有历史阶段性特征的，最终实现人的自由全面的发展与解放仍然要在政治、经济、文化全面解放的前提下才能完成。由于发达资本主义社会在政治、经济领域的发展根基过于稳定和庞大，很难在一时间内被撼动，而文化、政治、经济等社会领域又是相互依存、共同发展的关系，所以西方马克思主义者在文化领域探寻解放之路也是权衡具体现实后所进行的实践选择。西方马克思主义者在批判技术理性异化时所进行的人的感性生命解放的艺术、审美的具体实践，具有一定历史价值和意义。笔者从西方马克思主义文化哲学具体实践的启示意义中思考中国当代马克思主义文化哲学的建构，除不能照搬西方马克思主义者的研究结果之外，还必须彰显我国理论批判性特点，在东西方文化中具有相似性的问题上进行细致、深入的甄别性研究，通过解决中国文化现代性中的感性生命解放和人的全面解放问题为西方文化解决这个问题提出中国式的当代方案。

马克思从政治经济学批判的角度挖掘资本主义私有制的“根本秘密”：资本家通过占有剩余价值剥削工人。他从早期政治解放到中期劳动解放，再到人的个性解放，终其一生都在为人的全面解放探索具有实践可行性的路径。马克思认为，以人的个性解放为标志的人的解放具有人类文化整体性意义。文化中所具有的人的感性对象性经验，是人充分发挥自身创造力的表现，东西方不同文化的形成都与此有关。当人的类本质在异化劳动中被压抑时，必须通过社会关系的革命性重构来解放被商品拜物教束缚的感性对象化能力。中国文化是受社会政治、经济基础相互制约和影响的文化，所以在解决人的全面解放问题时，我们更需要用关联性、互动性的思维方法思考。人的全面解放要基于生产力的发展，其根本实现路径在于全球范围内生产关系的革命性变革。在此之前，个体的感性生命解放作为个体解放的重要方面并不能代表人的自由解放与全面发展的全部内容，只有感性、理性、个性、创造性等方面都得到全面发展，才能真正实现人的自由解放与全面发展。

马克思关于人的解放与全面发展的理论具有辩证统一的整体结构，我们不能割裂具体理论与整体理论之间的关系来讨论。这与中国文化的阴阳互动关系和当代多元事物的互尊互动观念是相辅相成的。马尔库塞在继承马克思感性生命解放的理论思想后仍然找不到感性解放道路的根本原因在于，他没有将感性生命解放作为人的自由解放与全面发展事业中的一部分进行整体的理论建构，尤其没有注意到人的创造性解放与感性生命解放的互动关系，因此也就无法真正找到人的全面发展的有效路径。马克思从早期资本主义社会分工导致的劳动异化问题中探寻劳动解放的根本途径——消除资本主义私有制走向共产主义。这是符合全人类追求自由解放的最终理想的。那么，当代资本主义私有制和技术文明构成了什么样的制度异化问题，就是当代实现人的全面自由解放需要探讨的新的异化问题，而不能将其简单定性为以技术文明为标志的理性异化问题。马克思主义文化哲学的宏大性在于：它从历史唯物主义出发，将包括制度创新在内的文化发展理解为人类解放实践的主要内容，这从根本上超越了西方文化哲学的抽象思辨性质。中国马克思主义文化哲学需要探讨的复杂问题是：当代个体在具体的历史发展过程中，通过实践创造活动而形成的独立个体，是否能和感性生命解放、物欲满足的生命个体形成既独立又互尊的双重文化个体结构？

因此，本书通过对中国当代多元对等互动文化哲学基本内容的阐述，如对"人的全面解放"内在结构的多元对等互动、个体解放的个性自由到个体解放的创造性自由的对等互动、个体创造性解放与个体生存性解放的多元对等互动关系的阐述，探讨马克思主义文化哲学与中国当代多元对等互动文化哲学的融合现象，探讨马尔库塞技术批判理论中未曾彻底解决的问题，并尝试在中西文化比较和研究中找到能够解决马尔库塞技术批判理论问题的材料性内容。

从世界文化发展的角度看，西方文化哲学的发展关系到世界各民族文化的发展;同样,中国当代文化哲学的建设也关系到世界各民族文化的建设。解决西方既定文化发展问题既是解决世界文化发展的问题,也是为了更好地发展中国文化而夯实理论基础、铺平实践道路。我们要始终以马克思主义理论为指导,坚定不移地为实现人类的全面解放而进行探索性实践。这也是马克思主义文化哲学形成自主知识体系重要的历史使命。

四、马克思主义文化哲学中国化对马尔库塞技术批判理论的批判

在看到发达资本主义国家的工人阶级已不再具有革命斗志,也不具有解决新的人性异化问题的能力后,马尔库塞流露出失望的情绪,于是他将社会革命性变革的可能寄希望于社会底层那些“不抱希望的希望者”,但仅仅由底层人带来的“希望”很大程度上还是一种“乌托邦”式的梦想。马克思认为,“一切人”的社会是由每个人组成的社会。只有每个人都实现了自由全面的发展,才能实现“一切人”的共产主义。因此,由每个人组成的历史主体才具有强大的否定性力量。他认为在探索不出具体解决西方“技术—统治”问题的道路后又武断否认“新工人阶级是具有历史否定性力量的主体”,这是一种悲观式的退缩。在使人的感性生命获得解放这条路上,西方发达资本主义社会目前并未走得通畅,在无法改变私有制的社会结构和制度的前提下,如果文化也陷入合理化规定的观念、习俗和制度中,那么文化就不再具有改造社会的能力,要通过发挥人的主动性和能动性来改造世界的目的也不会真正实现。高速发展的合理化经济并不代表人类社会的全部,“唯经济论”的发展势必给西方发达资本主义社会带来许多复杂多变的现实问题。

基于马克思主义文化哲学中国化——中国当代多元对等互动文化哲学形成的批判尺度,本书对马尔库塞技术批判理论的局限性进行初步的批判改造:在对马尔库塞技术批判理论进行整体审视后,从西方“工业文明批判”到中国“伦理规范改造”、西方“理性肯定性文化”到中国“伦理规范与民间创造互动性文化”、西方“反抗技术文明”到中国“尊重技术文明又不限于技术文明”这三个方面,比较研究东西方文化哲学理论在一些相似性问题上的不同理解,之后尝试借助中国当代多元对等互动文化哲学内容对马尔库塞“单

向度的人”进行批判改造。这个改造主要从“单向度的人”到“对等互动的人”,“感性生命的人”到“感性生命与创造追求对等互动的人”,“对抗性的人”到“尊重又内在创造性改造的人”三个方面展开。

本书之所以对马尔库塞技术批判理论进行批判性研究,是因为中国的马克思主义文化哲学研究者有建立中国式当代文化哲学的使命,要完成这个使命,既需要突破对马尔库塞技术批判理论的阐释性研究,也需要避免以中国传统文化审视西方文化而导致的封闭研究状态。因此,本书尝试通过马克思主义哲学中事物普遍联系与特殊联系的原理和中国当代多元对等互动文化哲学的结合,进行哲学批判和观念建构。

第二节　国内外研究现状

一、国外研究现状

国外对马尔库塞思想的研究兴起于 20 世纪 60 年代,经历了 20 世纪 60—70 年代新左派运动的政治评判时期、20 世纪 70—80 年代中后期的高潮时期、20 世纪 90 年代的衰落时期、21 世纪后的多元研究时期。从以上的研究时期,我们可以看出,国外对马尔库塞思想的研究具有一定的系统性、规模性、多元性。而第一阶段研究的历史背景是第二次世界大战结束后,全球处于冷战和两极对立的政治局势,因此学者们对马尔库塞思想的研究便主要集中在激进理论、政治学、政治哲学、社会批判理论以及与他的思想形成具有一定相关性的人物之间的比较研究上。对这一时期的研究,正如徐博所说的:“西方早期对马尔库塞思想的研究与其说是学术化的研究,还不如说是持有不同政治见解学者就左派运动的政治表态。”①要客观反映马尔库塞思想的全貌,必须从学术的角度出发。后三个阶段的研究相比第一阶段的研究来说,较少受到政治因素的影响,学者们重点对马尔库塞思想进行了研究。抛开政治因素带来的热血影响,研究者们更为冷静、更为理性地从

①徐博.马尔库塞否定性思想研究[M].北京:社会科学文献出版社,2011.

多元视角对马尔库塞思想中独具特色的部分进行更为深入、细致的挖掘和分析，如在文化哲学、美学、社会学、心理学等方面进行的研究。这一类的研究，多采用跨学科、交叉学科的研究方法，体现出开放、多元的研究特征。

从内容上来看，国外学者主要从以下五个方面对马尔库塞思想进行了研究。

其一，西方马克思主义背景下的马尔库塞哲学研究。

这是一个全局式、宏观式的研究视角，学者们更关注马尔库塞作为西方马克思主义者和法兰克福学派成员两重身份之下所形成的思想特色，并多数以比较的方法来研究马尔库塞与其他法兰克福学派成员之间思想的异同。较早具有代表性的是1973年马丁·杰伊的《辩证的想象：法兰克福学派和社会研究所的历史：1923—1950》一书，他对马尔库塞20世纪60年代之前的思想做了较为具体的梳理。德国学者罗尔夫·魏格豪斯在1986年出版的《法兰克福学派：历史、理论及政治影响》一书和瑞士社会学家埃米尔·瓦尔特布什在2009年出版的《法兰克福学派史——评判理论与政治》一书具有相似的研究主题。而埃米尔·瓦尔特布什的《法兰克福学派史——评判理论与政治》一书较之于20世纪七八十年代其他同类研究著作来说，开辟了一个较为独特的主题——法兰克福学派的政治哲学史研究，其中包括对霍克海默、波洛克、诺依曼和马尔库塞的政治构想和哲学理念的介绍。关于马尔库塞与研究所内部其他成员在相同研究领域所持的某些不同观点的比较研究成果，有弗雷德·阿尔福德的《自恋：苏格拉底、法兰克福学派和精神分析理论》《自然与自恋：法兰克福学派》《科学和大自然的报复：马尔库塞和哈贝马斯》等著作，其内容涉及对马尔库塞、哈贝马斯等法兰克福学派成员的批判性研究。约翰·瑞柯尔特在1986年出版的《弗洛姆——马尔库塞的辩论回顾》一书，以马尔库塞和弗洛姆在心理学领域的论战内容为研究对象。迈克尔·罗维在《马尔库塞与本雅明：浪漫的维度》一书中将马尔库塞思想和本雅明的美学思想进行了比较研究。

其二，法兰克福学派成员对马尔库塞思想的评述。

尤尔根·哈贝马斯1968年在与其论文集《作为"意识形态"的技术与科

学》同名的文章中，针对马尔库塞的科技进步观点，以及他与韦伯在"合理性"思想上的本质差异进行了研究。施密特则研究了马尔库塞社会批判理论的哲学基础是否合理，并且深入分析了马尔库塞思想与海德格尔、黑格尔、马克思、弗洛伊德等人的理论结合问题。霍耐特作为法兰克福学派第三代领军人物，对马尔库塞和哈贝马斯的技术理性和社会批判理论均有所继承。哈贝马斯对马尔库塞的研究对后来学者研究马尔库塞有很大的影响，反对者或支持者都期望在哈贝马斯与马尔库塞的理论分歧中找到依据。

除法兰克福学派成员对马尔库塞技术理性关注之外，奥地利克拉根福大学的雷纳·温特教授在其著作《单向度和乌托邦的可能性——马尔库塞对当代转型的贡献》中也有对这一思想进行研究，并肯定了《单向度的人:发达工业社会意识形态研究》一书所具有的学术价值。纽约(布法罗)州立大学人类学教授本·阿格尔在《马尔库塞的单向度:社会历史与意识形态语境》一文中对马尔库塞关于技术理性影响人的心理机制及本能结构的观点表示高度认可。

其三，有关西方马克思主义哲学和马尔库塞作品的研究。

这类研究以《新左派评论》的主编佩里·安德森在 1977 年出版的《西方马克思主义探讨》一书为代表，其对马尔库塞的美学批判的异质性做了独特的分析。加拿大学者本·阿格尔在 1979 年出版的《西方马克思主义概论》一书也是同一类型的研究成果，他对马尔库塞的单向度的社会、弗洛伊德主义传统、新感性理论等做了统筹式的分析研究，并重点对马尔库塞《论解放》一书中显露出的激进民主主义和反极权主义思想与马克思主义哲学思想结合起来的不当之处做了分析研究。1977 年，另一位学者麦克莱伦的综述式著作《马克思以后的马克思主义》和英国学者布莱恩·麦基的著作《思想家——当代哲学的创造者们》的研究主题较为类似。而道格拉斯·凯尔纳主持整理出版的六卷本《马尔库塞文集》，是目前研究马尔库塞相对权威和有影响力的文献资料。

其四，有关马尔库塞哲学与海德格尔哲学的比较研究。

马尔库塞早年师从海德格尔，他能进入海德堡大学从教也与海德格尔的帮助有很大关系。因为马尔库塞选择了马克思主义哲学,所以他与海德格尔的哲学思想逐渐产生背离。但是我们从马尔库塞很多哲学著作中(如《单向度的人:发达工业社会意识形态研究》)都能看到海德格尔存在主义哲学对马尔库塞的影响。后期,二人因在对待纳粹政见上的对立看法而分道扬镳。

对马尔库塞和海德格尔关系研究较有影响的两位学者是理查德·沃林和安德鲁·芬博格(马尔库塞的学生)。理查德·沃林在《海德格尔的弟子:阿伦特、勒维特、约纳斯与马尔库塞》一书中较为具体地阐述了马尔库塞对《1844 年经济学哲学手稿》一书的深刻解读,并论述了马尔库塞与海德格尔之间的哲学渊源。安德鲁·芬博格在《海德格尔与马尔库塞:技术的实难与救赎》一书中较为详细地阐述了海德格尔与马尔库塞对基本哲学概念和技术批判理论在理解上存在的异同,并对二人之间复杂的工作和生活关系做了论述。

其五,有关马尔库塞对弗洛伊德思想的解读研究。

或许因为马尔库塞的思想认识具有局限性,又或许因为弗洛伊德的学术思想过于深入人心,导致马尔库塞对弗洛伊德思想的解读遭到了学界一边倒的批判。安东尼·威尔登认为,马尔库塞对弗洛伊德思想的生物学解读是伪科学。艾德里安·约翰斯顿对马尔库塞的乌托邦式思想并不认同,认为马尔库塞通过力比多无意识的幻想与梦想构筑反抗现实的力量是抽象的和不彻底的。澳大利亚麦克里大学哲学系的杰弗里·奥凯教授也认为马尔库塞对弗洛伊德思想存在不当的理解,他认为马尔库塞的心理革命其实并没有超出马克思解放理论的根本框架,在看待需求和匮乏等问题上,与弗洛伊德的思想也有明显的区别。这类观点大多被国内早期研究马尔库塞理论的学者所采用。

二、国内研究现状

国内对马尔库塞的研究始于 20 世纪 80 年代初,主要可划分为三个研究阶段。

1. 第一阶段(20世纪80年代):局部译介马尔库塞的文章、重点著作

改革开放初期,国内对西方各个领域思想的译介都抱有很高的热情,但此时对马尔库塞生平和思想的介绍则是放在法兰克福学派和西方马克思主义整体背景下进行的,并且这类以介绍为主的著作对马尔库塞的评价仍是在苏联教科书模式下进行的,对马尔库塞本人思想做具体分析的专著还没有出现。

作为将西方马克思主义理论引入我国的第一人,徐崇温于1980年出版了《法兰克福学派评述》一书,对法兰克福学派从产生到发展的状况及成员的经典著作进行了系统介绍,第三章内容即马尔库塞的“乌托邦革命理论”。1982年,徐崇温又出版了《“西方马克思主义”》一书,这本书认为马尔库塞是法兰克福学派最重要的思想家。江天骥于1981年出版了《法兰克福学派——批判的社会理论》一书,该书收录了马尔库塞的部分论文、部分著作中的重要内容以及西方学者对他的哲学思想所做的评论。任立在1982年商务印书馆出版的《工业社会和新左派》一书中,收录了马尔库塞《当代工业社会的攻击性》(1956年)和《反革命与造反》(1972年)两篇较具有代表性的文章(同时还收录了其他作者的文章,马尔库塞还不作为主要译介对象)。这两篇文章都对科学技术高度发达的晚期资本主义福利社会出现的问题做了重点分析,为当时国内提供了一个看待西方发达社会的全新视角。复旦大学出版社于1983年出版的《西方学者论〈一八四四年经济学-哲学手稿〉》一书中收录了马尔库塞《历史唯物主义的新基础》一文,这篇文章是马尔库塞早年将青年马克思思想与海德格尔思想进行融合研究的大胆尝试,因此也是国内此后研究马尔库塞早期思想的重要参考文献。20世纪80年代末,李泽厚在《华夏美学·美学四讲》一书中批判了马尔库塞对科学技术持有的悲观态度。刘小枫在《诗化哲学:德国浪漫美学传统》一书中评论马尔库塞是一位“要求通过消灭有限的经验性东西的自律性来造成更高的统一的反讽诗人”①。

①刘小枫.诗化哲学:德国浪漫美学传统[M].上海:华东师范大学出版社,2007:125.

直到20世纪80年代末，作为西方马克思主义者之一的马尔库塞的思想才逐渐引起国内学者的关注。对马尔库塞本人的著作翻译及国内外对其思想的研究专著在数量上较之前有了增加。这是走出苏联框架模式重新审视马尔库塞思想的重要转折。此后学界对马尔库塞思想蕴含的科学性和时代性也更为重视。令马尔库塞声名大噪的《爱欲与文明》《单向度的人:发达工业社会意识形态研究》《审美之维》《理性和革命》等著作都是在这个时期被译介进来的。1989年，上海三联书店出版了《现代文明与人的困境——马尔库塞文集》一书，马尔库塞研究的人类生存层面的解放思想引起了中国学者的注意。此后不久，国外研究马尔库塞的专著也相继被翻译成中文，如阿拉斯代尔·麦金泰尔的《马尔库塞》。

此时，一些国内学者研究马尔库塞思想的学术成果陆续被出版了。不过与译介马尔库塞著作及文章时所受的限制相同，学者们的学术成果仍是延续改革开放初期的研究方向，且不约而同地将马尔库塞放在西方马克思主义和法兰克福学派的背景下进行研究。如傅永军、王元军、孙增霖著有《批判的意义——马尔库塞、哈贝马斯文化与意识形态批判理论研究》，李忠尚著有《第三条道路？——马尔库塞和哈贝马斯的社会批判理论研究》，陈学明著有《二十世纪的思想库——马尔库塞的六本书》等。

2. 第二阶段(20世纪90年代):对马尔库塞具体思想的深入研究

这一阶段，学者们对马尔库塞思想的研究已深入到具体领域，如马尔库塞的社会文化批判理论和技术批判理论等都是这一时期学者研究的重点。陈学明等编的《社会水泥》《爱是一门艺术》《痛苦中的安乐》《马尔库塞的六本书》是对马尔库塞文化批判之“人道主义的马克思主义”的系统梳理。衣俊卿等在《20世纪新马克思主义》一书中对马尔库塞技术理性进行研究，同时深入分析了现代文化中存在的人的焦虑、压抑问题；衣俊卿所著《文化哲学十五讲》则对马尔库塞的“压抑性心理机制”进行了现代性审视。丁国旗在《马尔库塞美学思想研究》一书中尝试对马尔库塞的美学做一系统、深入的研究。程巍在《否定性思维——马尔库塞思想研究》一书中十分肯定马尔库塞理论中“否定”所具有的积极意义。

关于马尔库塞的研究,论文数量众多。戈士国在《统治与操控的合理化机制——"科学技术是意识形态"的文本学解读》一文中对马尔库塞意识形态的概念做了界定。马举魁、张和平在《"爱欲"本体的新文化建设意义——略析马尔库塞的"爱欲"说》一文中认为,马尔库塞对人的社会属性认识不足,其理论过于侧重对文化建构中人的自然属性的强调。两篇文章主要是从西方哲学来分析马尔库塞技术批判理论。黄璇在《技术控制及其超越:从海德格尔到马尔库塞》一文中从存在论、价值论的视角研究马尔库塞技术批判理论,并认同马尔库塞技术哲学的核心观点——技术的控制根源在于对技术的形而上学的使用。高海青、陈真君在《现象学的社会空间:海德格尔、马尔库塞和技术批判》一文中对马尔库塞技术批判理论和海德格尔技术批判理论之间的异同进行了比较研究,强调马尔库塞的贡献之处在于,他将海德格尔的技术现象学转变为技术社会批判理论。于萍在《工业社会的困境与人的需要的异化——马尔库塞虚假需要理论分析》一文中具体分析了马尔库塞消费理论的合理性与历史性。

3. 第三阶段(20 世纪 90 年代末—21 世纪初):从马克思主义意识形态立场走向多元化学术立场的马尔库塞研究

这一时期,学者们对马尔库塞的研究发生了明显的转变,由早期的技术批判发展到文化批判,由对马尔库塞理论的否定转为肯定。对马尔库塞提出的文化问题,这一时期的学者多数持肯定态度,但对马尔库塞晚期提出的有关审美救赎观点,他们仍持质疑态度。学者们积极研究马尔库塞理论,为中国文化发展提供借鉴,也为我们今天追本溯源地理解马克思主义思想提供了相关的文献资料。

21 世纪初,中国的发展翻开了新篇章。学界对马尔库塞的思想研究更多关注审美解放和生态文化。刘兴云、石小娇所著《意义世界的构造——马尔库塞新人本主义伦理思想研究》一书对马尔库塞审美思想为当代社会人摆脱压抑、恢复反思批判精神、实现本真自我存在所起的作用予以肯定。高海艳、吴宁在《乌托邦的终结还是开始?——论赫伯特·马尔库塞思想的乌托邦意蕴》一文中对马尔库塞后期提出的走向乌托邦社会主义的观点表示认同。朱春艳、张丽在《论马尔库塞的美学救赎之路》一文中肯定了马尔库塞的美学救赎之路。当然，也有对马尔库塞美学思想持质疑态度的学者，如刘同舫、韩淑梅在《人的本质解放：马尔库塞的艺术与审美之解放美学》一文中认为马尔库塞的解放美学理论与马克思关于人的本质的界定以及人的解放的部分思想存在背离。

2018 年是马尔库塞 120 周年诞辰，学界出现了马尔库塞研究的新高潮。2018 年第 12 期的《南京社会科学》杂志为马尔库塞研究开辟专栏，刊登了三篇文章，分别为：王晓升的《发达工业社会中的现代性问题——评马尔库塞对发达工业社会意识形态的批判》，余在海、江永霞的《青年马尔库塞的"具体哲学"思想研究》，刘光斌的《技术与统治的融合——论马尔库塞的技术统治论》。同年，《世界哲学》杂志刊出杨晓琴的《论法兰克福学派研究中的消费异化问题》一文，并于 2019 年刊出李刚、陈名财的《法兰克福学派关于大众文化不同价值向度冲突的问题研究》一文。

有关马尔库塞的著作翻译，1998 年，陈学明、吴松、远东编了一套集西方马克思主义的生活哲学于一体的"生活哲学文丛"，如《爱是一门艺术》《社会水泥》等。马尔库塞的《爱欲与文明》《单向度的人：发达工业社会意识形态研究》等著作中的经典文章和重点段落均被收录其中。2012 年中国人民大学出版社出版了马尔库塞的《苏联的马克思主义——一种批判的分析》一书，它是那时介绍当代国外马克思主义研究的最新成果，为厘清当代国际舆论中相关复杂争议的问题提供了参考。2019 年 1 月至 11 月，人民出版社先后出版了六卷本《马尔库塞文集》，分别以技术、战争与法西斯主义，马克思主义、革命与乌托邦，哲学、精神分析与解放，走向社会批判理论，新左派与 20 世纪 60 年代，艺术与解放为主题，收录了上百篇文章，这些文章都是此前未流入中国学术界的第一手资料。

研究马尔库塞的期刊论文仅在中国知网（CNKI）数据库就达千余篇。这一时期的论文研究倾向于分析马尔库塞的科技观和美学思想，并注重研究其主题的广泛性和研究方法的系统性、多样性。在专著方面，如陈俊所著《技术与自由——马尔库塞技术哲学思想研究》一书就是从技术与自由的冲突与融合视角对马尔库塞技术哲学思想进行整体性研究，但研究范式仍是将科学技术和美学的关系对立，忽略了马尔库塞对科技的双重界定。陆俊的《马尔库塞》一书对马尔库塞思想进行了全景式的研究，包括马尔库塞的学术背景、哲学思想、新感性和美学思想等，行文中透露出作者的人道主义情怀。程巍在《否定性思维——马尔库塞思想研究》中重点研究马尔库塞的否定性思维，并称马尔库塞是"存在主义的马克思主义者""黑格尔主义的马克思主义者""弗洛伊德主义的马克思主义者"等。更近期一点的如徐博的《马尔库塞否定性思想研究》一书，将否定性作为马尔库塞思想的核心内容进行研究，认为他的思想轨迹可以划分为寻找否定性、运用否定性、完成否定三个阶段。张和平的《一代哲学巨人的足迹——马尔库塞哲学思想研究》一书以"爱欲"作为研究马尔库塞思想的中心线索。2007 年复旦大学博士范晓丽的《马尔库塞批判的理性与新感性思想研究》一书探讨了马尔库塞对现代理性的批判以及他提出的新感性概念。2009 年郑春生在《拯救与批判——马尔库塞与六十年代美国学生运动》一书中对美国 20 世纪 60 年代学生运动的原委进行了详细阐述。2015 年李永虎在《马尔库塞的乌托邦思想研究》一书中认为"马尔库塞的乌托邦思想对当前建设中国特色社会主义道路有重要的启示"①。

三、前期马尔库塞理论研究存在的问题

其一，从马克思主义文化哲学中国化视角批判改造马尔库塞"单向度的人"的研究基本上是空白的。对马尔库塞技术批判理论的研究，学界从政治经济学批判到意识形态批判，从唯物史观视域到人类学视域，从西方马克思主义发展到中国马克思主义发展，既有从宏大叙事的角度对马尔库塞技术批判理论的历史地位和价值做研究评定的，也有从政治、经济、生态、文化等具体视角对马尔库塞技术批判理论中的具体理论进行深刻剖析的，它们都使我们能够以更加尊重、理解、开放的态度审视马尔库塞技术批判理论的贡

①李永虎. 马尔库塞的乌托邦思想研究[M]. 北京：光明日报出版社，2015.

献与局限。从中国传统文化哲学和当代文化哲学建构的视角出发“诊治”马尔库塞技术批判理论的问题是马克思主义文化哲学中国化的重要研究课题。因此，本书以马克思主义理论为指导，基于中国当代多元对等互动的文化哲学视角，以马克思主义文化哲学中国化为理论坐标，对马尔库塞技术批判理论的意识形态局限性与方法论缺陷展开批判性分析，旨在为丰富马尔库塞技术批判理论的批判性研究及马克思主义文化哲学中国化的具体实践贡献绵薄之力。

其二，基于马克思主义关于“一切人的解放归根结底在于每个人的解放”这一根本宗旨，针对中国文化现代性发展需要激发个体文化创造性实践这一现实课题，现有研究存在理论观照不足的问题。“文化”这一概念虽然并不多出现在马克思的著作里，但是，实现人类的自由全面发展作为共产主义的最终目标，根本上只能是文化性的，而不仅仅是政治性、经济性的。不同政治经济制度可能孕育相似的文化形态，这表明文化的发展具有相对独立性，但其本质上仍受物质生产方式的制约。马克思主义在消除“劳动异化”时不仅对私有制进行了根本性变革，还要对维系私有制的文化意识形态进行了创造性改造。因此，马克思主义文化哲学以文化为切入点，通过批判性地考察政治、经济与社会的辩证关系，深入探索“人性异化”的本质及其扬弃路径。而对这样的问题，国内学术界重视还不够。马克思主义的批判方法“在于中国哲学家必须用马克思主义的方法论对待中西方各种与中国自己的文化异化问题相关的思想和理论，才能逻辑地建立起中国自己的当代哲学和文化哲学，突破教条化地照搬马克思主义现存结论于中国实践的‘理论依附’状况”①。因此，本书以马克思主义的批判性为方法论，在马克思主义文化哲学中国化的框架中，研究西方理性人性异化和中国伦理人性异化的理论改造路径，力图弥补前期学术研究存在的不足。

---

①吴炫．试论人类文化创造的多元对等关系：马克思主义文化哲学的中国化建构思路[J]．江苏行政学院学报，2018(1)：35．

第三节 研究意义、思路与方法

一、研究的意义和价值

2020 年，我国明确提出要强化国家战略科技力量，并将其写入《中共中央关于制定国民经济和社会发展第十四个五年规划和二〇三五年远景目标的建议》。在 2021 年 2 月 19 日中央全面深化改革委员会第十八次会议上也再次提出"科技创新"，同时指出要坚决破除影响和制约科技核心竞争力提升的体制机制障碍，加快攻克重要领域"卡脖子"技术。中国人民大学中国资本市场研究院联席院长赵锡军指出，科技创新已成为我国经济发展、社会发展及全面建设社会主义现代化的重要推动力量，但我国当务之急是解决经济社会、产业发展中的核心技术问题。(引自《中国网》，2021 年 3 月 3 日)例如，数字化转型和数字经济高速发展面临的新问题和挑战，既包括技术支撑能力及安全性的基础瓶颈，也涉及数据主权博弈、数字鸿沟加剧、算法失范等系统性风险。

西方马克思主义者从霍克海默到马尔库塞都普遍认为，技术理性自脱胎于科技理性以来，逐渐加深了发达工业社会下人的异化进程。起初在马克思《1844 年经济学哲学手稿》和《资本论》中论及的社会生产劳动中存在的局部"异化""物化"现象，在当代资本主义发达工业社会已步步深入到人们的日常生活中。马尔库塞在《单向度的人:发达工业社会意识形态研究》一书中认为，技术已经变成物化的重要工具，技术与政治"合谋"似乎是"历史谋划"的结果。马尔库塞所说的"技术合理性"，即在"极权主义"社会下的技术合理性，它是理性文化演变的最新结果。

当今的中国特色社会主义国家和西方发达工业社会，均处在历史发展的同一个横截面，但从哲学视角看待科技理性时，却持有不同观念。在文化创造性转化的中国究竟该如何看待科技理性、技术理性的发展问题？对待西方马克思主义批判理论又该如何在马克思主义文化哲学中国化的意义上辩证地、整体地、动态地提出自己的文化哲学观点？对这些问题研究的意义，就是本书试图从马克思主义中国化视域出发，对马尔库塞技术批判理论进行批判性研究的哲学意义，同时也具有中国文化创造性转化的实践意义。

（一）理论意义

其一，从中西方文化哲学视角研究马尔库塞技术理性批判的文化问题，确立西方马克思主义研究的中国文化立场。

马尔库塞《单向度的人：发达工业社会意识形态研究》的写作思路和风格具有明显的法兰克福学派特色，法兰克福学派在此时期的创作均以文化批判为主。他们对发达工业社会中逐步渗透至社会生活各个方面的异化、物化现象，进行了不同程度的文化批判。但是，学界目前对马尔库塞《单向度的人：发达工业社会意识形态研究》的研究视角主要以政治哲学、人本主义、马尔库塞思想与马克思主义的理论比较以及社会批判理论为主，鲜少从中西方文化哲学视角来批判性研究当今东西方社会技术理性发展产生的一系列既相似又不同的文化现象和文化问题。

本书力图从中国文化哲学内部的古代和当代内容中寻找解决马尔库塞技术批判理论在批判方法及理论结果上所存在的局限性问题的办法。因此，以马克思主义文化哲学中国化实践为指导方针，本书通过辨析中西方不同文化下的人性异化问题来探讨“单向度的人”的异化现象在西方发达工业社会发展中无法扬弃的缘由。这样研究的意义：一是彰显中国文化的理论自信；二是对西方发达工业国家以资本驾驭科技产生的负面效应予以警示，并尝试构建“中西文化哲学辨析——中国文化哲学批判”的研究框架。

其二，从马克思主义文化哲学视角研究马尔库塞技术批判理论的局限性，能够将制度问题与文化问题相关联。

正如复旦大学俞吾金教授在评价马尔库塞《单向度的人：发达工业社会意识形态研究》时所说：“马尔库塞认为，在发达工业社会中，理性只剩下了一个向度，即技术性的向度……马尔库塞的观点是片面的，实际上，理性还有三个向度，即公共性向度、规则性向度和超越性向度。"①而文化哲学就是理性的超越性向度的一个重要方面。按照谢林的看法，在理性的超越性向度中，艺术之追求拥有至高无上的地位："客观世界只是精神原始的、还没有意识的诗篇；哲学的工具总论和整个大厦的拱顶石乃是艺术哲学。"②马尔库塞从技术理性的角度对发达工业社会各个领域的发展做了鞭辟入里的分析研究，但是，从文化哲学的视域来看，发达工业社会下的技术理性发展问题，根源在于资本主义制度，除非完全推翻资本主义政权，否则无法在短期之内获得解决；而制度背后的文化性问题可以通过与中国文化互动交流得以建设性的解决。倘若当初马尔库塞能跳出学科框架及西方文化视域看到这一点，应该就不会在人生晚年对"技术—统治"持某种悲观的态度了。

其三，从马克思主义文化哲学中国化创造性实践中提出中国应对全球技术理性普遍发展之局限性问题的方案。

张江在《当代西方论若干问题辨识——兼及中国文论重建》一文中写道："中国现代文化要立于世界文化之林，必须改变西方理论在中国简单移植和被动阐释的状态，通过批判性创造性思维对西方理论进行本土化改造，使其成为中国文论建设的有机组成部分。"③马尔库塞从发达工业社会意识形态入手分析技术异化问题，形成的技术批判理论虽然在理论层面具有哲学的深度，但是在实践层面缺乏成体系的架构。对存在的这种"断裂"，马尔库塞在《单向度的人：发达工业社会意识形态研究》中表示，这是由"中介""过程"的逐步消解而导致的。然而，他的解决方案仍囿于理性与感性的二律背反框架，未能通过唯物主义辩证法探索实践路径。突破二律背反框架，就成为马克思主义文化哲学中国化之多元对等互动文化哲学亟待解决的重要问题。

如果将西方马克思主义文化哲学的视域拓宽至中国文化哲学则可以发现，中国文化哲学中的传统阴阳互动哲学、当代多元对等互动哲学，由于致力于中国化地理解马克思主义人的全面解放问题，具有可以与西方技术理

---

①俞吾金.理性在现代性现象中的四个向度：从马尔库塞的《单向度的人》说起[J].求是学刊，2004(4)：12.

②谢林.先验唯心论体系[M].北京：商务印书馆，1977.

③张江.当代西方论若干问题辨识：兼及中国文论重建[J].中国社会科学，2014(5)：130.

性思想、二元对立思维产生互动与补充关系的功能。本书试图在中西方文化哲学的互动、补充关系中做理论性的实践尝试。

(二)实用价值

其一,用中国特色社会主义文化哲学"问诊"马尔库塞技术批判理论中的人性异化问题,并与西方马克思主义文化哲学展开"对话"。

中国特色社会主义文化哲学是马克思主义文化哲学的"中国化",如何在中国发挥具有中国特色和中国风格的文化哲学理论优势?如何妥善运用中国特色社会主义文化哲学来指导西方生命哲学的具体实践?回应这两大问题,需要在透彻把握马克思政治经济学批判和历史唯物主义辩证法的基本思想与基本精神的基础上进行。因此,发展中国特色社会主义文化哲学,不仅要看到西方技术理性社会发展存在的根本性问题,更要坚守马克思的实践精神和否定、批判精神,坚守马克思的人本向度,将研究对象定为历史实践中的现实问题与现实的人。

其二,有助于从中国文化资源中发现哲学问题,并找到解决哲学问题的方法

在《基于批判创造性思维的中国现代文化自信》一文中,吴炫教授提道"人类是靠文化创造获得自身的历史,一个人的历史也是这样。……传承前人的文化是自然的,创造自己的文化是人为的"①。很长时间以来,我们倡导中国文化自信,但依据传统文化还是依据现代文化才更自信的问题始终缺乏追问,对中国传统文化中什么是适应现代性的优秀文化,也缺乏相应的学术研究。百余年来的中国文化现代化基本没有突破以西方哲学为依托进行中国阐释和实践的框架,长此以往必然制约中国自己的现代哲学问题发现和哲学原理创造。面对复杂多元的国际局势,我们应如何创造文化影响力,就是摆在每一个中国学者面前的问题。本书以"两个结合"为指引,立足马克思"人的解放"思想,对马尔库塞"单向度的人"理论展开批判性与创造性研究,旨在为现代西方文化哲学研究提供一种兼具批判性与创造性

①吴炫.基于批判创造性思维的中国现代文化自信[J].学习与探索,2020(2):162.

的方法论范式。

二、研究的基本思路

1. 准备阶段：从梳理人的异化问题的西方文化哲学发展脉络入手

西方资本主义社会在马克思发现劳动“异化”，卢卡奇发现商品“物化”，韦伯发现社会“合理化”后，直到当代发达工业社会时期都没有真正迎来人的解放。在看似富裕、物质充沛的社会生活中，“物化”已渗透至社会意识形态领域，形成奇异的“一体化”现象，而这就是马尔库塞所观察到的发达工业社会中人类理性发展的最新形态。在海德格尔看来，技术理性发展呈现的是种“现象”。因此，本书在进行马尔库塞技术批判理论的批判性研究之前，先对马尔库塞技术批判理论的批判方法及运用这种批判方法后产生的批判结果进行审视性研究，再进行针对性的分析和研究。

2. 研究阶段：阐释马尔库塞技术批判理论的基本内容

发达工业社会下的极权统治是在技术理性的隐匿帮助下让“剥削”变得更为巧妙，让阶级矛盾冲突消融在物质享乐中。这是马尔库塞发现的现代理性中的人的感性生命异化和否定冲动丧失的重要问题。倘若西方发达工业社会继续如此发展下去，那么阶级意识、革命意识、否定性思维乃至哲学的责任都将最终消失。他把消失的原因归咎于技术理性的无限制发展，这是具有一定道理的，但又显得过于悲观和绝对。“一体化”是资本主义社会发展到当代呈现出的新形态，但是我们仅仅将新形态出现的原因在文化哲学层面上进行批判，是解决不了根本问题的。根本问题的解决，是要运用马克思的唯物史观充分论证，造成西方发达工业社会物质富裕、精神匮乏的根本原因是资本主义的社会制度。因此，笔者在阐释马尔库塞技术批判理论的基本内容时，以马克思主义的唯物史观作为根本指导，始终把握住本书的问题导向。

3. 分析阶段：探讨马尔库塞技术批判理论与马克思主义文化哲学之间的联系，探讨马克思主义文化哲学中国化的基本内容，探讨批判性研究马尔库塞技术批判理论的尺度、方法和路径

肯定马尔库塞对西方发达工业社会的文化哲学批判是对马克思主义文

化哲学思想的重要补充和发展，分析论证马尔库塞技术批判理论与马克思主义文化哲学的联系和区别，在马克思主义文化哲学发展历史中定位马尔库塞的重要历史地位，并在具体历史环境中辩证分析研究马尔库塞技术批判理论对马克思主义文化哲学的继承、发展与存在的局限。同时，本书在阐述马克思主义文化哲学中国化的基本内容后，探讨中国传统阴阳互动文化哲学、中国当代多元对等互动文化哲学与马克思主义文化哲学的联系，并进一步用中国当代多元对等互动文化哲学（即马克思主义文化哲学中国化内容）论证马尔库塞技术批判理论存在的局限性。

4. 建构阶段：探讨中国传统阴阳互动文化哲学、中国当代多元对等互动文化哲学建构、马克思主义文化哲学与中国当代多元对等互动文化哲学的融合问题

如何才能在当代中国建立既不同于传统儒家大同论也不同于西方文化冲突论的文化哲学？这是在多元文化共存、多边贸易发展、区域经济一体化以及发达工业社会单向度发展、发展中国家不断寻求深化改革的复杂历史背景下所提出的亟待思考并解决的问题。在百余年历史的探索和实践过程中，以人的解放与全面发展为核心思想的马克思主义理论自进入中国以来获得不断发展，正迈向新时代中华民族伟大复兴之路，是经受住历史检验的符合中国国情发展的正确的世界观和方法论。因此，建立当代中国新的文化哲学就要以马克思主义理论为指导，本书在对东西方哲学中诸如人的创造性被抑制、个体与群体关系不对等、二元对立和利益至上等相似却不同的文化现象进行深度分析研究后，再进行中国当代文化哲学的创造性转化研究。

5. 批判实践阶段：马克思主义文化哲学中国化对马尔库塞技术批判理论之批判实践

这个阶段的探讨研究是对此前明确指出的马尔库塞技术批判理论中存在的局限性问题开出相对具体的治疗“药方”。马克思主义文化哲学中国化内容（即中国当代多元对等互动文化哲学）是解决马尔库塞技术批判理论存在的局限性问题的关键资料。中国传统文化中有着丰富的感性实践、个体创造性实践经验,它们可以作为改造马尔库塞技术批判理论中一直存在但尚未得到根本解决的单向度社会发展等问题的文化资料,同时对其技术批判理论中存在的文化性问题给出中国式解决方案。确立马克思主义文化哲学中国化的理论主体性地位,建立中国文化哲学与西方文化哲学之间能够平等、尊重、互动交流的哲学格局。

三、研究方法

1. 辩证唯物主义与历史唯物主义的研究方法

西方马克思主义阵营中特别是法兰克福学派的社会批判理论,是从马克思的思想遗产发展而来的,因此本书在行文中运用辩证唯物主义和历史唯物主义的研究方法,可以从宏大的历史视角分析马尔库塞技术批判理论在历史发展阶段中的重要贡献及局限。这对我们客观、辩证地看待西方马克思主义思想以及审视当下中国特色社会主义发展的阶段性特征、存在的问题和历史性任务具有实际作用。世界是充满矛盾的,矛盾的分析和解决在于对辩证法的合理运用。要客观审视中西方社会在当今世界中的各自发展走势,就离不开马克思主义理论的宏观指导。

2. 文本分析法

如果不对文本进行深刻、细致的分析,就好像树不长根,鱼儿不在水中游一样,无法萌发新的枝叶和孵化鱼苗。马尔库塞在 20 世纪 50 年代出版的《单向度的人:发达工业社会意识形态研究》是其代表作。而这部著作的形成,与马尔库塞受此前及同时期许多哲学家思想的影响和他对经典文本的深入分析研究密不可分,例如马尔库塞对亚里士多德《形而上学》、黑格尔《精神现象学》、马克思《1844 年经济学哲学手稿》、卢卡奇《历史与阶级意识》、韦伯《新教伦理与资本主义精神》、海德格尔《存在与时间》、席勒《美育书简》、弗洛伊德《精神分析引论》等书的研读。沿着历史线索对马尔库塞技术批判理论形成的源流进行梳理,我们就会客观地把握马尔库塞思想的主体脉络,也会客观地分析马尔库塞的技术批判理论,从而更为客观、辩证地理解特定历史条件下哲学家们在处理相同理论问题或实践问题时的不同世界观和方法论。这对我们的研究学习十分有用。

3. 整体性思维与多学科交叉相结合的方法

马尔库塞技术批判理论折射出的绝不仅是当代发达工业社会中的特殊问题，而是与早期资本主义社会形成到晚期资本主义社会发展有着连续性和阶段性、普遍性和特殊性、必然性和偶然性的矛盾关系。因此，对他的思想研究不仅要放在西方理性思想发展的大背景下进行，更要注重对早期资本主义社会发展规律的研究，突出整体性原则。同时，马尔库塞的技术理性思想涉及哲学、政治学、美学、社会学、心理学等多学科领域的内容，因此只有打破学科壁垒，研读其他学科相关文献资料，才能形成综合性思维，全方位掌握马尔库塞技术批判理论。

4. 理论的批判创造性思维方法

根据吴炫教授《什么是真正的理论》①一文，笔者整理出“独特哲学问题—依据独特哲学问题展开对既有相关理论的批判—创造新范畴”的理论批判创造性思维方法。从某种意义上看，这样的方法也可以被称为哲学的思维方法，区别于哲学研究的学术阐释性方法。哲学或理论的创造始于哲学家、理论家独特问题的提出，而独特的问题可以暴露现有相关理论存在的局限性从而产生哲学批判和理论批判，这样的批判必然促进解决独特问题的观念和范畴的提出。所以，本书以马克思“人的异化”问题作为思考的起点，对马尔库塞所发现的当代发达工业社会下出现的新的“人的感性生命异化”问题进行深度思考，再以中国文化现代化中的人的生存性和人的创造性的多元对等互动文化哲学为理论依据，展开对马尔库塞技术批判理论的批判性研究。

①吴炫.什么是真正的理论[J].文艺理论研究，2010(4):2－8.

第一章 马尔库塞技术批判理论的形成和内容

第一节 马尔库塞技术批判理论的思想渊源

一、马尔库塞的生活经验与思想历程

马尔库塞1898年7月出生于德国柏林一个富裕的犹太商人家庭，他有着典型的德国中上阶层青年的教养。他声称他们犹太家庭已成功地融入了德国社会，他从未因其犹太血统察觉到任何严重的疏离①。18岁入伍之前，马尔库塞在柏林贵族中学接受了良好的文科教育，这为他退伍后在柏林和弗莱堡的大学学习德国语言文学、现代德国文学史打下了良好的基础。由于世界政局和德国国内政治的动荡，马尔库塞逐渐对哲学、政治及激进思想产生了浓厚的兴趣。抱着极大的政治热情，马尔库塞加入了德国社会民主党，但因政局不稳，党内领导人罗莎·卢森堡受到排挤，无法主持工作，他大失所望，随即退出该党，从此之后没有再加入任何政党。

结束革命政党生涯后，马尔库塞决定回到大学继续深造，继续因为战争所中断的学业。马尔库塞在柏林洪堡大学接连上了5个学期的课程，后来他转入了弗莱堡大学，主要学习德国文学并辅修哲学和政治经济学的课程。他选修了有关胡塞尔和海德格尔理论的课程，相较于胡塞尔现象学的"首创

①马尔库塞.马尔库塞文集:第五卷 哲学、精神分析与解放[M].黄晓伟,高海青,译.北京:人民出版社,2020:4.

之举”,马尔库塞觉得海德格尔的存在主义哲学更令他着迷,而此后他对文学、哲学与政治经济学的跨学科研究,也是从这一时期开始的。1922 年,马尔库塞完成了博士论文《德国艺术家小说》,由于他系统学习过德国文学,因此博士论文完成得相当出色。不过道格拉斯·凯尔纳却认为,马尔库塞对德国文学的整体研究似乎并没有突破当时的学术研究框架。

1922 年毕业之后,马尔库塞返回柏林,在父亲为他安排的古籍经销出版公司担任合伙人,并做一些目录研究与编纂的工作,其间出版了他的首部作品——《席勒资料目录集》。这份对席勒资料进行整理的工作或许在当时看来并不太重要,但却在马尔库塞创作《爱欲与文明》及此后的美学研究中发挥了重要的作用。不过,改变马尔库塞人生命运的另一个事件是 1927 年海德格尔《存在与时间》一书的出版。在第一时间读完《存在与时间》后,马尔库塞就决定重回弗莱堡,以便能和海德格尔一同工作,那时的海德格尔在马尔库塞心中是偶像级的人物。自那时起一直到希特勒掌权前,马尔库塞一直在弗莱堡与海德格尔共事,此后他便离开了德国,开始了在美国的政治避难生涯。

马尔库塞作为一名哲学家不仅具有扎实的理论功底和较高的学术修养,而且对当时社会上存在的重要思潮及其发展走向具有敏锐的判断力,他是海德格尔《存在与时间》一书出版后第一批对其进行阐释和批判的学者之一。他发表的《历史唯物主义现象学论稿》一文,试图将胡塞尔的现象学、海德格尔的存在主义、马克思主义哲学进行整合研究。不过在他学术生涯中期以后,他基本上就没有再进行这样的尝试了。而萨特、梅洛·庞蒂等学术先锋的出现,似乎又唤起了这种研究方式的回归。马尔库塞对马克思主义哲学始终是推崇的,但是他又对马克思主义对个体问题的处理提出批判性反思,因此在他整个的学术生涯中,除了尝试研究社会变革,如从资本主义到社会主义之可能,还始终关注着个体解放和个体幸福的问题。1932 年马克思《1844 年经济学哲学手稿》发行,马尔库塞敏锐地意识到它的重要性,于是重新对马克思早期作品进行了解读,并试图找到马克思主义哲学与黑格尔哲学之间的联系。这又使他对黑格尔哲学的研究投入了极大的热情,其所著的《理性和革命》成为20世纪三四十年代有关黑格尔哲学研究的扛鼎之作。

自1934年奔赴美国之后，马尔库塞一方面对发达工业社会进行深刻的批判，另一方面则开始了他的原创思想酝酿。这两个方面似乎总是同时进行的，他在呼吁人们对发达工业社会产生的新的支配、控制形式要引起重视的同时，又以解放理论和乌托邦社会主义的逻辑预设来进行二者之间辩证关系的搭建。如《爱欲与文明》这部著作中突出的两大主题就是“支配与解放”。

马尔库塞有别于同时期其他思想家的地方在于，他始终在寻求理论与实践的统一，他认为学科之间应该相互交融而不应设置坚不可摧的学科壁垒。因此，他的一生都在试图对哲学、美学、社会批判理论、激进政治学进行融合，并试图从中吸收可以运用于实践的养分。他总在最激进的哲学思潮里思考并研究当代社会文化改造及人类解放之可能，他是一位具有鲜明个人特色且为数不多的将哲学与政治进行融合的当代历史性人物。

二、黑格尔的影响

(一)历史性

马尔库塞决定对黑格尔做深入的研究，很重要的一个原因是想探寻马克思主义哲学与黑格尔哲学之间的渊源。他针对《1844年经济学哲学手稿》所写的第一篇书评以及发表的《黑格尔的本体论和历史性理论的基础》一文，都是在这方面所做的努力。对此，道格拉斯·凯尔纳评价马尔库塞是一位机敏的德国哲学研究者，正渐渐地成长为他那一代中有前途的理论家之一①。不过，最早引领马尔库塞运用“历史性”这个方法展开研究的人，实际上是海德格尔。我们在《黑格尔的本体论和历史性理论的基础》一文中能明显看到海德格尔对马尔库塞的影响。马尔库塞从黑格尔哲学本体论的角度出发对“历史性”进行思考，并未涉及历史和政治之间的关系内容，这一点

①马尔库塞.马尔库塞文集：第五卷 哲学、精神分析与解放[M].黄晓伟，高海青，译.北京：人民出版社，2020：33.

与后来他在《理性与革命》中对黑格尔的研究角度是很不一样的。

马尔库塞对“历史性”的界定：人类通过物质实践在时间中展开的内容否定性与解放潜能的辩证过程，其具体形态受制于特定社会的统治—反抗关系。对黑格尔“历史性”概念的诠释，马尔库塞有别于当时研究黑格尔的其他学者，他认为这个概念是在《逻辑学》中最早被呈现出来的，并认为黑格尔哲学是生命哲学的源头。这些观点都遭到了当时学者们的猛烈抨击，但是却引起很多黑格尔研究者的兴趣。在《黑格尔的本体论和历史性理论的基础》一文中，马尔库塞从文本解读的角度对黑格尔的“历史性”概念做了细致的分析和说明，对黑格尔哲学中的“精神”“本质”“运动”“生命”“概念”“现实性”等重要概念做了个人化的阐释。文中“本质在两个维度上的能动性”这部分论述内容成为他后来完成《理性和革命》《单向度的人：发达工业社会意识形态研究》的基础。20 世纪 30 年代，马尔库塞其他哲学著作中有关黑格尔的“现象”与“本质”二分的解读和运用也频繁可见。不过，阿多诺对马尔库塞这本书的评价是“他渐渐地从对存在意义的关注转向了对实在的揭示；从基础本体论转向了历史哲学；从历史性转向了历史”①。这个评价更像是对马尔库塞 20 世纪 30 年代整体哲学思考进行的一个概括，因为实际上书中所涉及关于具体历史的内容并不多。阿多诺认为马尔库塞一直在强调一种把主客体二元论合一的一元论——历史性概念，如果仅从学术研究的形式来看，马尔库塞此时期关于黑格尔的研究的确如此，但从本质上来说，马尔库塞一方面是为接下来研究马克思主义哲学做准备，另一方面是为黑格尔的“绝对的主体性”及唯心主义让路，因为它们分别对马尔库塞 20 世纪 40 年代的具体哲学以及 20 世纪 60 年代的美学思想的形成影响至关重要，而很多哲学家终其一生的研究思想其实都是连贯并有迹可循的。

(二)本质的辩证法:潜能和实现

马尔库塞在 20 世纪 50 年代出版的《单向度的人：发达工业社会意识形态研究》中，“向度”一词意在表明存在与本质之间确定性的关系。马尔库塞

---

①马尔库塞.马尔库塞文集：第五卷 哲学、精神分析与解放[M].黄晓伟，高海青，译.北京：人民出版社，2020：36.

运用"向度"阐释了有关海德格尔形而上学的问题，对此，马尔库塞解释道："它们是这样的存在向度，从一开始就在存在论的意义上相互依存，并只有通过彼此才能够继续存在，并且只有在它们矛盾性的统一当中才能够使自己运动起来。"①这段话中涉及黑格尔哲学中一个关键概念——运动。亚里士多德曾经对经验主义的"存在的事物是所有存在的东西"这一没有考虑事物内在动力的观点进行批判，此后黑格尔对事物的"如何"进行了重新建构，他提出"此在性"(或"存在")，说明了存在中暗含潜能的展现。由于这种潜能包含着事物的真理，因此黑格尔也称它为"内本性"，并表明事物内在的东西总能超越它的存在。至此，存在的两分性在"内本性"和"此在性"两个概念中被割裂开来。正因为存在的分裂性才会产生具有张力的运动性，所以，未被实现的可能性总会推动着事物向前发展变化，而这也是内在本质的一种否定性，即存在自身的"自我的否定关系"，于是，运动就在存在所特有的割裂性和两重性中展开了。

不过，被割裂的二者又如何保持统一呢？黑格尔表明，这种统一是由现实性或者说是"实现"来完成变化中的统一，也就是所谓的"在他性之自在"，这里面同时也包含了实现与潜能之间所具有的必然性的关系。按照马尔库塞的解释就是"自为"与"内本性"之间的必然关系。黑格尔根据运动和潜能性两个相关概念推出实体的概念，认为实体是偶然的总数，与本质有着密切的关联，并受到具有"强烈活动性"的潜能所支配，至此，有关本质的既分裂又统一的辩证关系合体了。马尔库塞曾说："存在从来不简单而直接地是其能或可能所是，而是在内本质与实在之间差别的内部发现自我和推动自我。"②这既是对黑格尔"自我的否定关系"及"在他性之自在"的理解，也是对亚里士多德潜能性理念的继承。

潜能性不仅是存在的本质展现，还具有推动事物努力奋斗的内在力量，我们仅仅把它看作理念的一种形式并没有真正理解它的真正内涵；而黑格尔所说的现实性其实是一种运动模式，因为它并不是恒定不变的。马尔库

①芬博格.海德格尔和马尔库塞[M].文成伟，译.上海：上海社会科学院出版社，2010：59

②芬博格.海德格尔和马尔库塞[M].文成伟，译.上海：上海社会科学院出版社，2010：60.

塞在《单向度的人:发达工业社会意识形态研究》一书中对“潜能和本质”的辩证关系运用较为普遍,例如在“单向度的社会”这一章中,马尔库塞用到“潜化”一词,认为“潜化意味着存在一种区别于甚至敌对于外部要求的内心向度,即能把公众舆论和行为撇在一边的个人意识和无意识”①;同时还指出,发达工业社会中的“直接性”的内涵已有所变化,它指的是“高级的、科学的管理和组织的产物”②。在对功能化的语言进行批判的过程中,马尔库塞引入潜能与实现的要素,说明在肯定性逻辑限定中实际上是具有否定性要素的,并就此逐步推理到历史和政治维度中对社会变革进行可能与否的探索。

在20世纪30年代初的探索阶段,马尔库塞以黑格尔哲学辩证法和马克思主义哲学辩证法作为基础进行创作。他发表的文章不论在语言阐述上还是在内容选择上都更偏向于海德格尔式的亚里士多德解读的风格。他对黑格尔哲学概念的解读也会或多或少地受到海德格尔现象学存在论的影响。或许认识到了这种问题并想尝试突破和改变,马尔库塞此时开始对马克思主义哲学进行深入研究,他对当时出现的各种偏离了革命目标的有关马克思主义的解释以及消解马克思主义哲学基础的做法进行了批判,如对卡尔·曼海姆的马克思主义的社会学诠释进行的批判,对新康德主义超验的马克思主义进行的批判,对学院派德国社会理论和哲学进行的批判等。20世纪30—40年代,因为受到法兰克福学派社会批判理论的影响,马尔库塞对唯心主义、实用主义及实证主义进行了激烈的理论批判。

三、海德格尔存在主义现象学

对马尔库塞与海德格尔关系评价最贴切的一句话应该是安德鲁·芬博格所说的:“相处不易相离难。”③从1928年马尔库塞为了海德格尔来到弗

---

①马尔库塞.单向度的人:发达工业社会意识形态研究[M].刘继,译.上海:上海译文出版社,2008:10.

②马尔库塞.单向度的人:发达工业社会意识形态研究[M].刘继,译.上海:上海译文出版社,2008:10.

③芬博格.海德格尔和马尔库塞[M].文成伟,译.上海:上海社会科学院出版社,2010:3.

莱堡大学任教,一直到 1934 年离开海德格尔去往美国,在这 6 年间向海德格尔学习并与其共事的过程中,马尔库塞对海德格尔形成了较为全面的认识,经历了从完全肯定到怀疑,再到否定的过程。马尔库塞对海德格尔的现象学存在主义哲学一开始持肯定态度,但是随着海德格尔投奔德国纳粹政府的那一刻起,政治的鸿沟从此割裂了二人之间曾经亲密的情感联系,马尔库塞虽然不否认他的哲学思想是受海德格尔影响较大的,但也不会再向世人主动提及有关海德格尔的一切。起初,马尔库塞对海德格尔在对非本真性的批判、解构哲学传统、自我变革与决断的呼吁上所表现出的激进态度是充满向往的,但随着纳粹党与海德格尔哲学的政治勾连步步加深,马尔库塞及当时的一些批判海德格尔的思想家,如本雅明、贝尔托·布莱希特等均认为,海德格尔哲学具有迷惑性及反动性内容,而这也从侧面体现出海德格尔理论其实在很多方面还是不成熟的。

"马尔库塞认为,海德格尔的问题之所以重要是因为本真性概念对激进行动和人的解放很有帮助"①,因此,他试图将海德格尔的"沉沦""非本真性"范畴与马克思主义的"物化""异化"相融合,从而达到融合马克思主义思想与海德格尔理论的目的。但是,在融合的否定过程中,马尔库塞也发现了海德格尔抽象本体论中一个致命问题:"无法为当前形势下的行动提供任何具体的指导原则。"②不过,在肯定、否定、否定之否定的过程中,海德格尔现象学存在主义中一些具体哲学范畴对马尔库塞技术理性思想的形成起到了关键作用。

(一)技艺

技艺,是西方现代词语——技巧和技术的起源。古希腊时期的技艺指的是和一些制作形式有关的知识或方法,这些知识或方法通过岁月的沉淀变成"正确的方法",它不以制造者的个人目的为转移,而是服务于技艺所限

①马尔库塞. 马尔库塞文集:第五卷 哲学、精神分析与解放[M]. 黄晓伟,高海青,译. 北京:人民出版社,2020:13—14.

②马尔库塞. 马尔库塞文集:第五卷 哲学、精神分析与解放[M]. 黄晓伟,高海青,译. 北京:人民出版社,2020:21.

定范围内的最终目的。技艺本身作为社会生产过程中的一个要素、一种模式，实际上也是所有西方哲学思想的一个基础，它内含存在与本质之间的区别，也就是“它”与“它是何物”之间的区别。而本质与自然的关系和本质与制作的关系又是不同的，对这些命题不同的理解是进入古希腊哲学的必经之路，尽管已有很多哲学家试图超越这些命题，但直到今天，它们之间的不同关系及产生的不同问题仍然存在，只是表现形式各有不同。如柏拉图认为，与人工制品相同，自然也分为存在和本质，在《高尔吉亚篇》中，柏拉图就对技术和价值之间的关系进行了讨论。而由此开启的古希腊存在论也影响了此后很多重要成果的形成。

海德格尔对技艺的定义主要体现在他的著作《技术的追问》中。海德格尔认为，技艺不仅仅是一种工具或技术，而是一种“存在者的揭示方式”。技艺的本质在于它如何揭示和呈现世界，将世界中的一切，包括自然、动物和人类自身，转换为可计算、可控制的“资源”。这种揭示方式使得世界被看作一种“可计算、可控制的资源”，而不再是一个开放的存在之境。对古希腊技艺的看法，海德格尔和马尔库塞的认识是一致的，他们都认为它是将伦理和美学意义上一致认同的目的同技术意义上的理性手段包含在一起的一种复合的技术理性模式。马尔库塞的学生安德鲁·芬博格甚至说：“技术哲学始于古希腊，而且实际是全部西方哲学的基础。”①海德格尔认为，亚里士多德有关存在的一般性概念来自技艺。海德格尔在《存在与时间》一书中根据技艺的存在条件从内部对其进行了现象学的描述。技艺在古希腊时期是一种对人和自然同时尊重的揭示世界的模式，它显现了事物的内在潜力且并不具有破坏性，与现代技术的内涵形成较大的反差：古希腊建造世界的方式是通过工匠制造工艺产品而实现的，所以作为“展现”的一种模式，它是古希腊人用以体验世界的形式；而现代技术则是通过科学理性指导取得技术更新迭代的成功后，对世界进行创伤性的打击。现代思想的奠基人笛卡尔曾认为，科学最终将会使人类成为自然的主宰和拥有者；弗朗西斯·培根也曾宣称“知识就是力量”。由此可以看出，从近代以来，思想家们看待世界的方

①芬博格．海德格尔和马尔库塞[M]．文成伟，译．上海：上海社会科学院出版社，2010：8.

式已与古希腊人看待世界的方式不同。

从早期对解放技术的分析到后来对技术的批判,海德格尔并未提倡复兴古希腊技艺,这个观点与马尔库塞所持观点一致,但是马尔库塞认为要对技术进行"重构",这超越了海德格尔的认识。海德格尔判断技术所依据的标准是生成和发展的概念,这两个概念出自古希腊的技艺,但是矛盾的地方在于他又认为技术带来灾难性后果后,哲学只能够对其进行反思,并不具有解决的作用。马尔库塞则突破当下哲学的深思,试图构造一个技术理性可以达到的理想、完美的境界。他始终认为,哲学的批判性不仅在于"框限"当下的现实,还能够超越当下的现实,勾勒出未来自由世界的样子。对新技术的逻各斯,马尔库塞认为必须是在把握本质的基础上以完善目标为取向,使技术理性不再因中立化而被统治所控制。此观点不同于技术怀疑论、技术统治论对技术理性提出的旧技术新用的观点。人们虽然很难对二者的观点进行细致区分,但是马尔库塞主张变革理性则是他们最根本的不同。即便如此,马尔库塞仍遭受很多误解,不少人认为他是借批判现代技术来谴责有关启蒙运动以来的一切成果。对此,他回应:"技术批判的目的既不在于'价值'的浪漫主义回归,也不在于它的精神恢复。技术社会的压迫性特征不是因为过分的唯物主义和技术主义。相反,问题出现的原因在于唯物主义和技术理性的抑制,也就是说,在于对价值具体化的着重强调。"①

(二)此在

古希腊哲学把逻各斯与爱欲(艾洛斯)始终联系在一起,即使在理论上形成了关于逻各斯的抽象概念,也不妨碍它最终与向善的努力相连。因为在古希腊人生活的世界里,他们认为事物具有丰富多样的潜能,人们要通过熟练的操作才能逐渐挖掘事物的这些潜能,这里面存在着一份敬畏自然的尊重,即使是艺术实践这样主体性鲜明的活动,在古希腊人看来也类似于工艺,认为其是从属于技艺的一种形式。例如,海德格尔主张将亚里士多德"四因说"中的"原因"理解为"亏欠","四因"是事物对其存在的有所亏欠的

---

①芬博格.海德格尔和马尔库塞[M].文成伟,译.上海:上海社会科学院出版社,2010:97.

方式。亚里士多德曾认为,运动既是存在的本质,也是存在的根本模式。海德格尔欣赏亚里士多德的这一解释,并将这一概念运用到他对自然和技艺所做的解释中。是否尊重自然决定了人们对存在潜能认识和理解程度的高低。自然的内在规定性拒绝将本质与潜能割裂,这一原理可以解释为何现代工业文明的发展反而抑制了人的自由和解放,反而形成了制约。

正如海德格尔在《技术的追问》一文中所强调的,现代性本质以及其造成的灾难性后果,唯有存在论才能充分揭示。他认为对"此在"的分析可以使人们揭开存在本身所具有的奥秘。按照海德格尔的定义,"此在"属于"实体存在论","因为究其行为而言,它作为特殊的在世界之存在,去蔽世界,即创造了存在从中得以呈现出的'空间'或'空地'。"①最初,古希腊人分析这种行为是人工自然的制造活动,所以在有关本质直觉知识的基础结构上是与海德格尔的"此在"相一致的。海德格尔表明,以"世界"为形式的实在形成之初就是一种有秩序的实体体系,我们在之后对它的使用中、与它的交往中产生的价值本身就归属于这种实体体系,并且在认识的过程中产生的各个孤立的知识客体本质上是相互联系并无法分离的,只是因为我们对世界丰富潜能的认识和发掘具有局限性,导致我们对知识客体的把握是各自孤立的。所以,"此在"要在不具有确定性和稳定性的时间中、在与世界交往的过程中不断建构自己,实现从自我认识到发掘事物目的和意义的目标。我们从海德格尔所做的类似阐释中可以很清晰地看到现象学的身影,现象学主张人是先与世界进行交往,然后才用知识思考它们,随后产生事物的客观概念。对先有理念再有人与世界交往的过程之看法,海德格尔是不认同的,例如培根所说的"知识就是力量"。从某种意义上说,现象学所做的客观主义解释要比科学家的立场更为根本,这也是为何海德格尔与马尔库塞在追问技术及技术理性未来发展问题时,科学无法给出最深层合理解释的原因。

海德格尔将技术作为主要研究论题开始于 20 世纪 30 年代,但随着研究的深入,他对技术所持观点也经历了两次重要的转变:第一次他认为技艺

①芬博格.海德格尔和马尔库塞[M].文成伟,译.上海:上海社会科学院出版社,2010:28.

和工具等概念并非存在去蔽的唯一模式，它们已经因为过度承载存在论的意义而对现代社会发展造成了严重的后果；第二次他认为去蔽的模式要结合“存在历史”加以探寻，因为去蔽的模式是具有历史性的。这也就是后来海德格尔关于历史上技艺与技术进行差异对比的最初源头，而这些转向也能说明为何海德格尔在《存在与时间》一书中对存在论的关注度大于对技术相关问题探讨的关注度。然而，就像许多哲学家们都逃不掉的宿命一般，海德格尔对“此在”的分析也使他陷入了阐释不清的两难窘境：他认为古希腊人即使是柏拉图和亚里士多德也未能掌握全面表述存在的手段，他们提问题的语言都只是日常的物性语言，因此他们所确认的有关存在的基本联系其实是非本质的。海德格尔在《存在与时间》一书中试图通过“存在根植于对此在的关怀而实现意义”这样的阐释，来超越柏拉图和亚里士多德的这种非本质联系，他认为此在已不像古希腊时期那样可以通过产品结构的方法进行分析，而是变为可以操纵客体并处于暂时性中的某人，意义并非给定了的，而是会随着此在的需要进行变化，萨特曾阐释这种方法是“把意义还原为人的意图”①。结果，如此这般地将“本真性概念削弱了对事物做出任何确切定义的基础”②后，意义就会避免存在回到主体身上并保持了意义足够的独立性了吗？难道海德格尔的理论就完全言说出了古希腊人未曾彻底阐释的原初发现的意图了吗？也就是说，海德格尔兼顾了普遍性和一种神秘的不确定性，但却忽略了历史中的具体性和个体性，这也为马尔库塞后来超越海德格尔提供了契机。

（三）艺术在存在史中的“去蔽”作用

古希腊人的杰出之处在于发现了存在，而这也是古希腊人“去蔽”的一种方式。对此，海德格尔说“由于受疑惑的驱使，人不仅必须在认知所涌现出来的东西的过程中获得立足之处，而且必须在对高深莫测的显露所进行

---

①芬博格.海德格尔和马尔库塞[M].文成伟，译.上海：上海社会科学院出版社，2010：21.

②芬博格.海德格尔和马尔库塞[M].文成伟，译.上海：上海社会科学院出版社，2010：41.

的生产性的观察过程中他才能够会看到它”①，所以，芬博格认为“这种显露就是本质的去蔽，通过它存在被认作它所是的东西”②。与柏拉图的立场一样，海德格尔也认为只有在熟悉了事物的本质之后才能够认识它们，感性经验细节未必能展现本质中最具体、最真实的东西，理念才具有这样的能力。海德格尔则进一步表明，因为本质具有不确定、变化、无根据的性质，所以与事物本质的相遇是“一种在看的行动中在其自身面前支配被看东西的看”③。海德格尔“生产性的看”与康德的“理智直觉”有些类似，所谓“理智直觉”指的是一种断定它的对象的思想力量。康德将此概念引入美学领域，用来解释艺术生产，表明具体作品的产生是艺术家将感觉上的全部细节通过概念化将其生产出来的一种过程，按照海德格尔的理解，这其实也是艺术对存在进行去蔽的过程。

为了突破古希腊人的原始表述和《存在与时间》一书中存在的一些局限，海德格尔在《艺术作品的本源》一书中回到了“去蔽”主题。在《存在与时间》一书中，海德格尔试图通过“存在根植于对此在的关怀而实现意义”这样的展现方式阐释世界，而这样的展现方式似乎更会出现在创作艺术经典作品的那些时代。艺术家同样通过技艺来创作作品从而参与到揭示世界的过程中，然而他们并不会过多看重工具的使用，反而会更关注作品本身的意义。艺术家在创作中必然会有主体意识，但是作品中也并不是只有主观性，它必然与存在的创造性过程中的逻各斯相契合，在这个过程中，艺术家的创作能力只是“去蔽”的一种基本能力。创作完成艺术品不仅是个体行为的展现，更是共同体活动的建立以及使其具有独立性的本质概念的要求得以实现的一种可能，它是暂时性和永恒性同时存在的存在，是具有独立性和集合事物自身专属动态性的逻各斯的存在。

古希腊人尊重存在。海德格尔认为他们是“原始地将人确定为这样一

---

①芬博格. 海德格尔和马尔库塞[M]. 文成伟，译. 上海：上海社会科学院出版社，2010：37.

②芬博格. 海德格尔和马尔库塞[M]. 文成伟，译. 上海：上海社会科学院出版社，2010：37.

③芬博格. 海德格尔和马尔库塞[M]. 文成伟，译. 上海：上海社会科学院出版社，2010：38.

种存在，是他在整体存在之中让存在以无蔽状态占支配地位"①。与古希腊人不同的是现代人对存在进行追问，而这样的追问其实是另一种"去蔽"的方式，这种"去蔽"的方式用技术行为撤去所有本质概念，按照主观制订的计划对存在重新构建。也就是说，当人认识到了"形而上学"是虚无的、是无基础性的时候，便积极介入到存在的意义中，形成现代的技术观，表现出人成为"自然的主宰和占有者"，然而对存在整体问题的忽略，使得人的生存面临威胁，失去意义指引的人本身与事物一起作为原材料融合于"框限"中。从此之后，人与存在的关系不再是从前的那种"相遇"了。但是，海德格尔对存在本质的解构有一个稍显乐观的思考，他认为本质概念是永恒和经久不衰的，本性不会自己展现出来，也需要人的积极介入才有展现可能，虽然现代性暂时消解了本质，但是也就是在这个过程中，人在发挥作用的过程中究竟遇到什么问题才会使其真正涌现出来，按照海德格尔的话来说就是"人可能将其对于展现的必要归属性作为他的本质加以体验"②。

海德格尔对艺术进行反思的目的是试图向人们提供一个可行且对认知存在进行"去蔽"的新模式，但是略显空洞的语言并没有给出实践理性的可能，离开了海德格尔所建构的"此在"，"去蔽"的这种新模式似乎就会面临停摆。不得不说，海德格尔抓住了艺术与"存在对此在的关怀"这二者之间的相似性，但是艺术好像又无法执行此概念的任务。或许在前现代时期，艺术可以充分发挥它既对社会进行关怀又对政治进行批判的作用，而在技术时代，艺术似乎已经被限定在美学范畴且并不具备参与塑造社会生活的实践能力，它已被边缘化了。技术性的"框限"对意义的消解使世界的丰富性变得稀薄，相同的"持存质料"无休止的重复令海德格尔设想的艺术的拯救力量变得十分模糊，而在他以后的著作中，关于艺术"去蔽"的问题则被搁置，鲜见其他突破性的反思。

所以，马尔库塞通过设想艺术与解放之间的关系，艺术与政治、社会理

①芬博格.海德格尔和马尔库塞[M].文成伟，译.上海：上海社会科学院出版社，2010：38.

②芬博格.海德格尔和马尔库塞[M].文成伟，译.上海：上海社会科学院出版社，2010：40.

论、哲学之间的关系来试图继续论证海德格尔“用艺术为存在去蔽”的观点，并在有关论著中做了理论阐释。

四、霍克海默的批判理论

十七八世纪产生并形成的传统理论是为了解放旧教条束缚推动资本主义经济发展而生的，它的形成具有特定的历史条件，最开始只是在某个独立的领域内发挥作用。随着资本主义发展至成熟阶段，传统科学范式在自身演进中逐渐暴露出系统性危机。这种危机不仅表现为科学理性与人类价值诉求的断裂，更通过技术异化机制，使科学实践走向了人的对立面——原本作为解放力量的科学，反而成为压制主体性和加剧社会不平等的工具。科学的本质在于理性，而哲学又是对科学的反思，近代哲学以科学为主旨，而现代哲学要对近代哲学中不合时宜的部分提出质疑和批判，因此，霍克海默提出批判理论，并在 20 世纪 30 年代带领他所创立的法兰克福学派一直坚持这一批判理论。所谓批判理论，就是将某一阶级在特定时代的观念、感情系统地阐述出来，对现存秩序中不合理的部分进行有意识的反抗和批判，从而在根本上改变人的生存方式，它并不与传统理论相对立，而是将传统理论及文化中正在衰亡的基本因素继承下来，并表达出人类未来所真正需要的批判态度。与未来有关，就必须直面知识生产的资本化逻辑及其技术化应用对社会关系和自然生态的双重殖民，不是消火它、对它置之不理，而应该据此形成一种新的社会形态及社会行动。对此，霍克海默说：“哲学上取消科学，在个人生命中是一种慰藉，在社会中则是一个谎言。”①

在与海德格尔的政治主张出现难以弥合的分野后，马尔库塞离开了弗莱堡大学，1933 年受霍克海默的邀请，加入了法兰克福社会研究所，并很快投身于研究所的跨学科研究事业中。在霍克海默的带领下，法兰克福研究所主要从事批判主流资产阶级意识形态及其哲学、社会科学理论，制定激进的社会理论模型，分析现代社会发展新阶段的国家与垄断资本主义理论，批判德国法西斯主义。他们“融合政治经济学、哲学、社会理论、政治文化及意

---

①黄小寒.西方马克思主义经典著作导读[M].北京:北京大学出版社,2012:45.

识形态批判,发展出了一种面向当前时代的跨学科的社会批判理论,从而将黑格尔—马克思的辩证理论与范围越来越大的批判哲学和社会批判理论结合了起来"①。可以说,法兰克福学派和马尔库塞之间是历史命运的相互选择,因为不论在各自的研究领域还是在政治哲学主张上,二者都十分契合且风格相似。在进入研究所工作之初,按照霍克海默给研究所成员的分工来看,马尔库塞还未涉及技术理性方面的研究;后来因为霍克海默对社会理论研究表现出的极大热情,经与马尔库塞商议后,他决定把自己正在研究的技术理性领域与马尔库塞正在研究的社会理论领域进行互换,而这样的"互换"后,马尔库塞对技术理性的批判就再也没有停止过。

1934 年后,马尔库塞因政治避难去往美国,在哥伦比亚大学为法兰克福社会研究所提供的办公室中工作,直到 20 世纪 40 年代,马尔库塞选择到美国华盛顿的政府部门工作才离开了这里。马尔库塞离开法兰克福研究所,一方面与霍克海默的不挽留有关,另一方面与他的研究方向与霍克海默研究方向有分歧有关。按照马尔库塞的儿子彼得·马尔库塞的回忆来看,在决定是否去华盛顿参加美国国家政府工作这一事上,母亲和他都十分希望马尔库塞能离开研究所。因为那时研究所的所有财政支出都由霍克海默决定,他每月向成员发放生活津贴,但随着战事的告急,津贴逐步被缩减,已经不能够支持马尔库塞一家人基本的生活了,并且美国的学术职位对德国流亡者来说提供得也很少,为了赢得霍克海默的好感,研究所成员之间形成激烈的竞争,马尔库塞因与阿多诺的分歧也逐渐受到霍克海默的疏远。20 世纪 40 年代,法兰克福学派的批判理论存在两种发展趋势:一种是以霍克海默、阿多诺的《启蒙辩证法:哲学断片》为代表,对西方文明进行悲观式的"哲学—文化"分析;另一种是以马尔库塞和纽曼为代表,具有"实践—政治"意义的社会变迁理论。社会变迁理论实际上是法兰克福研究所在 20 世纪 30 年代曾参与的研究内容,只是霍克海默和阿多诺在 20 世纪 40 年代放弃了对该领域的研究,不再进行社会理论和激进政治学方面的文化哲学批判

①马尔库塞.马尔库塞文集:第五卷 哲学、精神分析与解放[M].黄晓伟,高海青,译.北京:人民出版社,2020:39.

罢了。马尔库塞与霍克海默和阿多诺之间的关系真正走向破裂是从霍克海默与阿多诺在美国越战问题上最终选择支持美国,并对当时的学生运动持不理解的态度后开始的。

像霍克海默一样,法兰克福学派多数成员在对现代发达工业社会及其技术进行逻辑预设时,都倾向于认为发达工业社会是一个具有控制和标准化体系的机构,技术是一种支配工具。但马尔库塞却并没有迎合这个"单向度"的预设,而是提出了一个不同的观点:社会与技术之间是辩证发展的。20世纪40年代针对技术的辩证发展何以可能,马尔库塞尝试对技术和技艺进行区别,从而阐释社会与技术之间的辩证理论。按照马尔库塞的分析,发达工业社会中的技术构成了一种技术支配系统,它可以对社会关系进行组织和维持,发挥其作为一种流行思维和行为模式的工具功能;而技艺是在技术工具的基础上融入实践,它的内在具有"自我的否定关系",既可以为社会发展带来财富,也可以为之带来匮乏,既可以废除辛苦的劳作,也可以使劳作时间继续延长。马尔库塞自始至终没有对技术全盘否定,他对作为支配社会系统的技术进行了批判,一方面因他受到亚里士多德及海德格尔有关技艺阐释的影响,另一方面因他对第二次世界大战时期德国纳粹政府将技术合理化的经济社会作为极权统治支配工具的深沉忧患。

关于德国纳粹政府时期的民族社会主义,马尔库塞认为他们将恐怖的技术统治和非理性的意识形态进行了结合。不同于海德格尔严厉批判技术却支持民族社会主义的做法,马尔库塞首先对民族社会主义是坚决否定的,其次他对技术进行了批判。这种批判遵循自己所论证的辩证理论:既不盲目赞美技术在推动人类社会解放与进步中所具有的作用和意义,也不一味谴责技术成为极权统治下可支配的工具,他认为"机械化和标准化或许有一天会促使重心从必要的物质生产转移到构建使自由人实现的舞台上来"①。对此,他构想了技艺作为存在的一种辩证存在的方式,有可能代替技术成为废除异化劳动并给人带来富裕和自由的更优选择。而到了20世纪六七十

①马尔库塞.马尔库塞文集:第五卷 哲学、精神分析与解放[M].黄晓伟,高海青,译.北京:人民出版社,2020:8.

年代，马尔库塞对有关技术的思考较之从前更为激进了，他更强调对技术的变革，这一点把他与法兰克福学派、海德格尔等人的观点明显区分开来。在海德格尔、霍克海默、阿多诺那里，有关技术的表述让人感到悲观的力量，但是在马尔库塞这里，有关技术的表述却让人看到了希望，正如他所说：“自由的确在很大程度上取决于技术的发展，取决于科学的发展。但是，这一事实也轻易地模糊了其中的基本前提：要成为自由的推进器，科技必须改变其目前的方向和目的；它们必须被重建，以便满足一种新的感性——生命本能的欲望。”①

五、弗洛伊德的精神分析理论

20世纪50年代以后，在整个辩证现象学毫无突破性进展的情况下，马尔库塞在弗洛伊德精神分析中找到了探寻“本真自我”的可能。在激进解读弗洛伊德精神分析与马克思主义社会理论的过程中，马尔库塞尝试将二者进行融合，从而找到了探究激进变革社会的新的理论工具。在弗洛伊德形而上学的哲学分析中，马尔库塞发现了海德格尔现象学、黑格尔唯心主义、杜威实用主义等哲学中所欠缺的激进要素——新的乌托邦精神，并且认为它具有抵制工具理性内化、形成革命新主体的作用。马尔库塞之所以试图将弗洛伊德的理论与马克思理论进行结合研究，是因为他认为弗洛伊德的理论可以弥补马克思理论中有关意识、心理、主体性相对缺乏的不足。弗洛伊德的理论帮助马尔库塞回答了困扰他很久但始终解释不清的问题，例如：在20世纪广大的工人阶级中为何会欠缺阶级意识与革命意识？法西斯主义为何会吸引那么多不同阶级派别的成员？主体内部是否还有可能实现解放？

《爱欲与文明》一书是马尔库塞吸收弗洛伊德、马克思的哲学理论所创作的一部成熟的哲学理论著作，它以支配与解放为主题，对海德格尔、韦伯、弗洛伊德、霍克海默、阿多诺在面对现代社会时流露出的悲观主义情绪做了回应，并突破性地展现了试图构建的解放前景。倘若仅看这部著作而不去

①芬博格.海德格尔和马尔库塞[M].文成伟，译.上海：上海社会科学院出版社，2010：95.

考虑历史环境的问题，那么书中关于爱欲解放的具体论证并没有非常完整，这是此著作历来被批评家诟病的缺陷之一。但是放在特定历史条件下——20 世纪 50 年代的整个知识分子群体中弥漫着一种悲观的文化哲学情绪，主流社会理论家和左派的知识分子在顺从的社会环境下开始怀疑解放的可能性，就在这时马尔库塞却对西方文化遗产做了积极的研究，他认为激进的思想理念仍然存在，西方社会也可以迎来解放。于是在《爱欲与文明》一书中，他对乌托邦哲学进行构建，论证其有别于弗洛伊德"文明都是受压抑"的非压抑性文明社会之可能性，并对当时"拒绝激进乌托邦筹划的理论"进行了立场鲜明的批判。马尔库塞并不否认从柏拉图到康德以来的哲学家所批判的爱欲所具有的破坏性和反社会性，他认为爱欲本能是生命和创造力的根本原则，审美与爱欲的结合可以带领个体走向解放，并会释放出比破坏性本能更大的力比多。

马尔库塞对弗洛伊德理论的批判性吸收不仅使他发现了乌托邦精神的激进作用，还使他重新回到了对美学及德国唯心主义、现代主义的先锋派文学以及席勒的研究中去，同时让他对乌托邦社会主义及傅立叶的思想进行了批判性研究。马尔库塞对美学和文学的再次选择并不是退回到与社会具有疏离关系的保守书斋中，而是更为激进地探讨了美学与政治变革、艺术与解放之间何以可能的问题，他生命中产生的激进政治理念在他不同阶段的思想形成中始终发挥着重要的作用。这样的选择在马尔库塞关于技术理性的研究中也有所体现，可以说，弗洛伊德的理论不仅拓展了他在 20 世纪 40 年代对技术理性研究的思路，同时也使他认识到技术理性与爱欲之间无法切断的内在联系。因此，他除了对美学有研究，还对技术理性进行了锲而不舍的研究。

在发达工业社会昂首挺进的过程中，马尔库塞想要借助弗洛伊德的理论探寻个体的生物驱力是如何被调和进生产机构的概念模型中的，以及技术社会的变革是如何使个体的生命发生根本性变革的？他完成于 1960 年的《从本体论到技术：工业社会的基本趋势》一文可以被看作他 1964 年出版的《单向度的人：发达工业社会意识形态研究》一书的一个雏形，从题目我们也可以看出,这篇文章是马尔库塞从本体论层面上讨论技术对个体生命逐步深入影响的一次尝试。文中指出,第二次世界大战后资本主义的管理控制机构已不只是从有组织的日益机械化的劳动结构和官僚秩序化的工作场所来向社会中的个体进行支配,而是通过技术理性把文化也纳入其中。20世纪40年代,批判理性的潜能因为受到技术理性的压抑和侵蚀而无法前行发展,但是到20世纪60年代,这样的抑制和侵蚀已逐渐进入个体本质最深入的部分——生命,生命的情感性、社会性及交往性在一个生命政治领域里被修改、被重新定义,使人的"本性"也异于从前。在《从本体论到技术:工业社会的基本趋势》一文中,马尔库塞认为个体的自发性、性欲在本能重组的社会中受到的压抑越大,破坏和死亡的本能就越会在相应的程度上发挥更大的能量,并且一旦形成攻击性,就会被利用去形成推动文明进步的另一种内在动力。由此可以看出,弗洛伊德的社会分析方式已在马尔库塞分析发达工业社会人类支配方式的发展变化中被成熟运用。

在《单向度的人:发达工业社会意识形态研究》一书中,马尔库塞将技术与生命政治的维度联系得更为紧密,在生产与生活效率普遍提高的社会,统治阶级通过将人的快乐、焦虑、欲望等本能驱力整合到更为合理的一体化社会,成为全面战略统筹的一个组成部分,使得无产阶级再无阶级意识可言,而人的生命方式在技术理性的影响下也迎来了被重构的命运。如此异化的社会似乎再也看不到人类解放和彻底变革的可能,这也是法兰克福学派研究者们普遍对现代工业社会感到悲观的原因所在。但是,马尔库塞认为技术理性对个体的内化有可能会形成反革命的主体,特别是在马尔库塞晚期的作品中,我们即使看到人类解放的风险增加了,但是仍然会看到社会变革和解放的希望。可以说,马尔库塞是最早指出极权统治下的技术理性重塑个体人性从而产生具有新生产特征的人的思想家,同时他指出,发达工业社会下"人的满足感已渐渐地被束缚在了个体占有、获取商品与成功的能力"①上,这也是他在技术理性研究中获得一致认可的成功之处。

---

①马尔库塞.马尔库塞文集:第五卷 哲学、精神分析与解放[M].黄晓伟,高海青,译.北京:人民出版社,2020:92.

生命政治的维度在《单向度的人:发达工业社会意识形态研究》一书中崭露头角后便成为马尔库塞20世纪60年代大多数作品中的主题,并一直延续到他去世前的作品中。马尔库塞后来提出:新的制度有可能不会带来新的自由人出现,反而会带来由你死我活的竞争而导致的人类深层次心理结构的变形,这种转变直抵生物学意义。于是在《论解放》一书中,马尔库塞就试着在"生物学基础"上概述了一种新的生命形式,这种新形式"为了使个体与社会从资本主义社会一系列压抑的支配形式中解放出来,必须在人类有机体内部建立该基础"①,甚至这种新形式有可能会成为发达工业社会新的革命主体所具有的革命潜能。马尔库塞看到,在20世纪六七十年代的解放运动中,学生与广大发展中国家工人阶层在拒绝全面管制时所体现的生命政治抗争,蕴含着从社会机构的总体性管控中夺回生命自主性的潜在力量。因此,他号召采取"大拒绝"的态度对待单向度社会的技术理性以及有关它的各种调和性的活动。从对技术理性批判的初步尝试,到对肯定性思维的批判,再到对生命政治之路的探索,马尔库塞的哲学体系在技术理性批判的结构中被建构起来的同时,通过吸收弗洛伊德的社会理论而逐步厘清了他的技术理性研究的理论方向。几十年过去了,这种研究方向的影响力仍然存在,还会继续拥有历久弥新的当代社会发展意义。

第二节 马尔库塞技术批判理论的基本内容

一、对发达工业社会的批判

(一)逻各斯缺失的世界——极权主义的垄断资本主义

现代科学的结构与价值一直以来被认为是"中立性"的,但并未定义"中立性"究竟为何。马尔库塞对科学技术的中立性是持怀疑态度的,他认为"技术中立性(只不过是科学中立性的表现形式)本身是一个政治概念,工

① 马尔库塞.马尔库塞文集:第五卷 哲学、精神分析与解放[M].黄晓伟,高海青,译.北京:人民出版社,2020:93.

业社会形成的技术概念在某种意义上与其真正含义相对立"①。如果从人类社会整个历史过程来看,从技艺到技术体系的形成和发展具有一个内在意义,这个意义是技术体系改造世界的一个终极因,即"它把工具筹划成了一种使人类摆脱劳作和焦虑的手段,筹划成了一种平息生存斗争的手段"②。从形成之初的技艺到此后发展之中的技术,从人类进行创造性活动的目的与手段合为一体,发展成为"纯粹的"工具,技术发展的终极因在这个过程中逐渐被忽视和遗忘,而终极因的消失不但使技术成为纯粹的工具,还使它成为一种社会普遍存在的支配方式。支配方式需要技术理性和非理性的共同参与,这就不免渗入政治元素,所以,与其说科学技术具有中立性,不如说科学技术具有可支配性。但根本问题在于科学技术的发展离不开人的非理性(即感性)建构,而这个非理性是否以真理价值为意义,又会影响科学技术未来的走向。现代发达工业社会中技术发展的走向是:"把自然作为一种敌对性的、破坏性的粗暴力量加以控制;把人类作为自然的组成部分加以控制。"③如果终极因不再进入技术理性发展的范畴,那么仅凭纯粹工具化的发展,人类社会中的暴力、苦难以及破坏性就永远得不到批判和否定。

脱离了国家统治,个体或大众都没有能力驾驭技术工具的能力,并且在未来相当长的时期内都有可能延续这种局面。而现在,发达工业社会内已发生了一个深刻的转变:自然世界向技术世界的转变已使技术取代了具有终极因的本体论,也就是说"存在有了本体论意义上的工具性:它特有的结构使其适合于所有的应用和改变"④。新的科学方法终结了中世纪由终极因形成的宇宙观念,同时也终结了社会中决定职业与个人抱负的等级制度。在消除中世纪桎梏社会与个人发展的终极因时,新的科学技术用它公平、解

---

①马尔库塞.马尔库塞文集:第五卷 哲学、精神分析与解放[M].黄晓伟,高海青,译.北京:人民出版社,2020:198.

②马尔库塞.马尔库塞文集:第五卷 哲学、精神分析与解放[M].黄晓伟,高海青,译.北京:人民出版社,2020:198.

③马尔库塞.马尔库塞文集:第五卷 哲学、精神分析与解放[M].黄晓伟,高海青,译.北京:人民出版社,2020:199.

④马尔库塞.马尔库塞文集:第五卷 哲学、精神分析与解放[M].黄晓伟,高海青,译.北京:人民出版社,2020:198.

放、自由的终极因取代了中世纪造成社会等级制度分化的终极因。因此,它在人类历史上产生了伟大的影响,一方面它创造了新的改变世界的科学技术方法,另一方面它具有符合世界历史发展规律的解放人类的终极因。但是,终极因比起科学技术方法来说总是形而上的抽象,它并不是社会中所有个体可以理解的真理价值和意义,所以随着科学技术理性的不断进步,曾经带领人们解开枷锁走向自由的终极因逐渐被消除,逐渐被现实社会大集团的经济利益所取代,个人也在这样的导向中不再考虑像终极因这样的深远又抽象的概念,而是从个人利益出发努力得到满足自我需求的物质,从而舒适、惬意地在便捷的工业社会中生活,这就已是大多数人安于现状的追求。所以,人们在看似中立的外表下对新科学剥夺绝大多数人的自由生活有意或者无意地选择忽视,而在用物理数学模式构建宇宙的进程中无奈放弃个人所具有的可感知的身体。总之,不论是出于偶然性还是必然性选择,科学技术理性的命题逻辑系统以人类控制世界的力量支配着自然系统的开发和利用,并逐渐将自然变为从属于人的世界,这一进程一旦上了轨道似乎就很难被叫停。

人类没有理由拒绝科学技术理性发展给现代社会生活带来的高效和便捷,但是人类在看似充裕的物质世界中总是感到内心的孤独和彷徨,总在寻找幸福的意义究竟是什么。或者孤独和彷徨以及幸福最终所要寻找的就是它曾经的血亲族系的源头——真理。真理具有终极因的价值和意义,失去了真理的指向,现实的绝大部分内容几乎被还原为物理数学结构。真理成为人类可以试图测量和计算的要素,并可以像斯宾诺莎那样用几何学命题来证明伦理学,这一方面显示了人类向自然迈进时所显示出的自信,另一方面显示了人类对掌握未知世界仍具有一种内在的畏惧和自卑。武断地用一种现实规律来代替所有规律的发展,即使找不到与其他任何存在规律的共性,人类也可以理解它并甘于接受它的引导。慢慢地,除现实以外的其他一些内容和意义就会变得不再有意义,而仅剩下所承认和所造成的现实本身,这种预设一旦发生会十分令人担忧。在对法西斯主义进行忧患审视的过程中,马尔库塞就看到技术的可支配性一旦落入违背社会历史发展的个人或集体统治中，就会对人的意识形态造成扭曲的改变，它的毁灭性不仅在于对资源不合理的开发和利用，还在于对人类作为在世之意义的消解，那种“讲求实际”的不切实际，令法西斯统治下的德国人民在战争结束后才如梦初醒。第二次世界大战后的最初阶段，马尔库塞就预感到技术统治将会在不同意识形态的国家中被保留下来，所以从20世纪40年代到20世纪60年代，马尔库塞不断发现技术理性的发展呈逐渐扩大的趋势，它的外在组织形式变得越来越巧妙，但内在缺失真理的终极因始终都没有得到应有的解决。所以，马尔库塞在20世纪60年代做了诸多有关技术理性批判的讲座，其中就有促使科学家参与讨论当代科学技术的内容。马尔库塞试图挑战当代的科研体制，并将其作为他政治事业的重要组成部分，因为在他看来，企业和军队的价值框架绝大部分是由全美的精英大学以及智库中大多数科学知识所构成的，科学家和理工科学生需要走出实验室并直接参与到社会现实的讨论当中，这似乎已成为一个政治问题。“技术—政治”或“政治—技术”之间的解绑，是打破讲求实际的现实、追求真理的必经阶段，马尔库塞没有否认这一具体历史阶段发生发展的不合理，他认为有必要对未来的走向进行及时的价值干预，这与马克思人的自由解放和全面发展的人之理论思想具有相似的愿景。

(二)肯定性的文化——意识形态的一体化

发达工业社会在世界范围内积极倡导的“文化价值的普遍传播”“全体国民享有文化福利的权利”等口号，在马尔库塞看来，实际上是表象背后掩盖的另一种“阴谋”，它们并不是发达资本主义国家良心觉醒后致力于消除不断扩大的阶级矛盾的改革行为，而是发达资本主义国家将本就具有冲突的社会意识形态转变为另一种为其所用的适于缓解当下社会矛盾的生活方式，以便从中产生一种新的美德来驯化民众。对科学为社会所带来的愉悦效果，考茨基主张大众应“为了他们自己而征服整个文化”①。但在马尔库塞看来，这个主张仍没有脱离与发达资本主义社会肯定性文化的关系，甚至

①马尔库塞．马尔库塞文集：第四卷　艺术与解放[M]．朱艳春，高海青，译．北京：人民出版社，2010：162.

是在巧妙地说服大众继续服从“整个文化”所支持的社会秩序。

所谓肯定性文化，马尔库塞认为“资产阶级时代的文化，在其本身的发展历程中，把被认为高于文明的精神的、灵魂的世界与文明割裂了开来。这种文化的决定性特征存在着普遍的意义，存在着必须无条件地加以认可的会越来越好、越来越有价值的世界”①。它可以使人们在充满个人利益冲突的现实世界中因所遭遇的不公而产生的怨愤、不满、反抗等否定性情绪以内化的形式进行消解，从而获得社会整体上内在与外在的协调。它一方面实现统治阶级驯化民众的目的，另一方面也使民众自为地在这种超越日常生活范围的价值中获得除个人利益以外的颂扬与赞美。对如此狡猾的文化形式，马尔库塞主张要“废除这种文化”②。废除资本主义社会的肯定性文化不仅在于要打破它所编织的自由、平等、博爱的田园诗般的欺骗性，更在于从历史唯物主义的角度去看，世界是变幻无常的，只要有变化就一定会有对立的矛盾产生，即使是非肯定性文化也要应对必然王国在不同时空提出的不同要求。所以，肯定性文化的永恒性、一致性更多的是渗入政治因素后的特征，并不是文化作为人类社会发展产物的自身价值体现。社会经济以及人的生命需要不断地进行再生产，那么人类的文化也必然要不断地进行再生产，任何组织或利益集团企图通过不合理的社会组织强行生产有悖于社会历史发展需求的文化，都必然受到颠覆。为了从人类文化的深层结构中探寻发达工业社会肯定性文化形成与发展的路径和特点，马尔库塞主要从以下几个方面进行了研究。

首先，幸福在不同历史时期与文化的关系。幸福与文化似近又远的关系起源于物质与精神的分裂，变形于美和必然的分离，它由古希腊时期所具有的较为清晰的认知在历史发展中逐渐被融入发达资本主义国家一体化的具体实践而变得不似从前那般清晰。在马尔库塞看来，幸福与实践是相互关联的，但又并不是在发达资本主义国家崇尚追逐个人利益的环境中实践

---

①马尔库塞.马尔库塞文集:第四卷 艺术与解放[M].朱艳春,高海青,译.北京:人民出版社,2010:128.

②马尔库塞.马尔库塞文集:第四卷 艺术与解放[M].朱艳春,高海青,译.北京:人民出版社,2010:162.

出来的，在古希腊时期，“超越了必需品的美的世界在本质上是一个幸福和享乐的世界”①。生产力低下的古代时期还没有能力将幸福的空间和时间通过劳动实践的方式塑造出来。那时的人们除了哲学家以外，不会去过多思考有关幸福的问题，因为仅是为了生存下来，人们就要花费大量的时间去进行战斗，对如何使尘世的生活充满幸福和满足的回答总是心有余而力不足。但是，有一点是古人从未怀疑的：幸福是一个终极的东西，并不是直接的东西。

进入资产阶级时代后，个体由具体的个体变为抽象的个体，但是对幸福的向往却始终没有停止。与古代不同的是，资产阶级时代对幸福的需求是每个独立个体的权利，不再是社会更高层次的团体和代言人的专属名词。而之所以是每个独立个体都可以根据自我需求来进行构建和完成的幸福，是由于“发展中的资本主义生产开始使这个空间越来越多地充满了可能令人满意的商品”②，幸福从古时必然与美分裂的保留地中被拉回现实变得具体可感，并且可以被量化和计算。在这样一种社会引导下，产生出一种不同于以往时代的新的幸福模式。但是，资产阶级时代并不具有这种幸福模式的普遍性，因为生产社会化和生产资料私有制之间的矛盾一直在不断扩大，抽象个人的平等在具体的资本主义生产中表现出来的是不平等，无限扩大的消费趋势和劳动人民的购买力成反比，只有少数人才能按照新的幸福标准获得维持其状态的购买商品的能力，平等仅限于法则的制定，而取得生活资料的条件始终都未平等。曾经依靠城乡无产者阶层获得反封建斗争胜利的资产阶级，在掌权后只用抽象的平等掩盖本质的剥削，他们不可能把已经占有的充足物质条件拱手相让于无产者，因为一旦分享胜利果实，资产阶级的生产资本就要被削弱，更重要的一点是他们无法再进行统治。也就是说，当无产者变为有产者后，资产阶级就不具备社会统治的能力。所以，城乡穷人变得越来越贫困这一历史条件有利于资产阶级长久地进行两极分化的统

---

①马尔库塞.马尔库塞文集：第四卷 艺术与解放[M].朱艳春，高海青，译.北京：人民出版社，2010：129.

②马尔库塞.马尔库塞文集：第四卷 艺术与解放[M].朱艳春，高海青，译.北京：人民出版社，2010：130.

治，而这样一来，幸福不但从古代时期的念想中离开，就连如今的物质现实也无法容纳它的普遍存在。可见，在发达工业社会的文化里，幸福与个体之间关系始终是个骗局，甚至还不如古代时期所构建的遥望星空的念想，曾经的念想在肯定性的文化中一点点被调和而消失得无影无踪。

资产阶级曾经在人类理性的进步中结束了中世纪上帝所设立的永恒限制性秩序，他们认为人类理性具有普遍性，会带领人类不断进步、奔向美好未来。在启蒙时代，这些理念确实具有超越既定生存组织方式的进步性，但随着资产阶级统治地位的稳固，这种理性的进步性转而成为镇压大众的工具，并内化在个体的内部，而这个镇压大众的外部工具也被称为“肯定性文化”。当个体面对外在遭受的种种痛苦和束缚时，肯定性文化会内化到个体中进行“工作”，以美德来慰藉个体备受摧残的身心。正因为资产阶级的肯定性文化具有矛盾的对立属性，所以它除了在意识形态上显现出唯心主义不切实际的唯美以外，又有对客观内容的正确表达，而这两种对立属性通过肯定性文化滋养下的艺术进行融合，产生了难得一见的和谐。资产阶级对生产资料的私有制化带给大部分人贫困的生活，这是客观世界的客观事实；它通过艺术将生活中人所经历的苦难、忧伤、孤独、绝望上升到形而上的高度，并指出经历这一切后终将获得美好，而这是唯心主义的慰藉和奉献。因为有了对生活和生命真实的渴望，人们会在被直接伤害后爆发出与他人和神灵对抗的强大力量。马尔库塞认为，这种艺术性中“包含着更高的真理，即我们不能一点一点地改变这个世界，而只能通过摧毁它来改变”①。但是，马尔库塞又强调说：“文化应当关注个体对幸福的主张。但文化根基上的社会对立又使它只得以内在化和理性化的形式去承认这个主张”②。资产阶级社会是以获取利润的经济竞争为基础进行社会再生产的，对更幸福社会的向往本身就是对它的反叛和颠覆。如果人们注重幸福的追寻，势必会在精神领域寻找栖息的诗意家园而不太重视现实被欲望和经济利益捆绑

①马尔库塞．马尔库塞文集：第四卷　艺术与解放［M］．朱艳春，高海青，译．北京：人民出版社，2010：131．

②马尔库塞．马尔库塞文集：第四卷　艺术与解放［M］．朱艳春，高海青，译．北京：人民出版社，2010：132．

的世界，那么这就对资产阶级的统治构成了威胁，因为资产阶级需要刻意制造社会生产资料的分配不均来实现它的统治。所以，马尔库塞清醒地认识到，仅凭想要获得幸福的动力并不能改变生存的现状，要对唯心主义的文化进行彻底反对才有可能迎来毁灭它的可能。只有通过反对唯心主义的文化，实现对社会物质生存条件和劳动形式的真正改造，才有可能毁灭发达资本主义社会带来的不幸与贫困，而这就需要唯物主义哲学在现实中为这种幸福的获取开启真正的实践斗争。但实际上，在发达资本主义社会中暂时并没有唯物主义进行革命实践的土壤，在肯定性文化的作用下，个体普遍解放的历史需求被作为纯粹人性的理念而存在。个体不再承担宏大的历史解放的任务，而是通过人性的理念"能够使人从他人的攻击中解放出来，发挥他的能力，在生活中获得更美好的、更自由的享受"①。形成一个以自由而理性的人所构建的共同体，是在发达资本主义社会中所能实现的最高目标，每个人终其一生所要努力的也无非是对这个自由而理性的内在人格不断进行展示和完善。人的概念属于个体，自我对自己一切行动的权利和范围负责，当然这样的自由仅限于在被统治阶级规划好的发达工业社会内。

其次，资产阶级社会肯定性文化中的"灵魂"具有特有的调和及移情作用。马尔库塞认为："关注灵魂'反映了人的个性的日益分化，并通过根植于人的本质的自然的发展增强了人的享受生活的意识'"②。但同时，我们也应认识到，资产阶级社会文化中灵魂自由的范围也是具有局限性的。

经济生活并不会占据个人生活的全部，个体总是可以给自我保留一块未被束缚的自由之境，生命所有的意义并不仅仅指向金钱。但是，肯定性文化中巧妙的一点是，它将这一真理俗化成另一种解释方式："灵魂食粮足以替代匮乏的面包。"③这种试图将灵魂世界与物化世界合一的做法也说明了

①马尔库塞. 马尔库塞文集：第四卷 艺术与解放[M]. 朱艳春，高海青，译. 北京：人民出版社，2010：134.

②马尔库塞. 马尔库塞文集：第四卷 艺术与解放[M]. 朱艳春，高海青，译. 北京：人民出版社，2010：140.

③马尔库塞. 马尔库塞文集：第四卷 艺术与解放[M]. 朱艳春，高海青，译. 北京：人民出版社，2010：142.

一个问题——再高尚的灵魂最终还是为了满足经济现实需求。在早期资本主义社会时期,肯定性文化赋予灵魂以更多的诗意,某种意义上也对真理进行了保护。而进入发达资本主义社会的工业化阶段后,灵魂总是以压抑个体感官性的方式出场,它成为支配个体感官性的一种手段。当受到足够物质压抑的个体想要通过感官性释放得到满足的时候,为了避免社会动乱,资产阶级会通过灵魂规训不满者,将他们想要诉诸享乐释放的情绪内化在灵魂中,从而达到束缚的作用。

马尔库塞认为,在发达工业社会中,个体处于一种单子式的孤立状态,个体之间的关系以利益冲突为主,所以即使是解放也是建立在个体之上对个体本身的解放,还不能形成以团结为基础的社会的全面解放。没有明显的阶级矛盾而阶层之间的距离却越拉越大,这样的社会没有反对派,没有对抗者和不满者,即使有,也处于社会的边缘。这样看来单子式的个体似乎没有可以团结起来的可能。但是,马尔库塞给出了一种可以使单子式的个体连接起来同时又指向灵魂的情感关系——爱情,作为打破这种个体主义社会生存状态的例外。爱情需要通过两个单子式的个体无条件地克服自身的孤立状态来达成二者的团结,但是在以经济利益为个体化生存原则的社会中,两个人无条件的团结就意味着双方必须屈从于彼此,而这种屈从的态度在实际的现实社会如同于放弃自我生存。马尔库塞通过辩证分析证明,在资产阶级肯定性文化的灵魂深处,一切都被物化占据,并没有任何纯粹形式的感性存在。而作为维持社会秩序的必要手段,爱情又被重新定义:既要具有排他性又要履行必要的责任和义务。排他性意在强调爱人之间的忠贞性,而这里所谓的忠贞性更多的是指向对个体感官性的束缚。所以,内在的排他性与外在的责任、习惯融合在一起,看上去十分和谐,却经不起资产阶级无政府主义以经济利益为原则忽左忽右的考验。如此看来,肯定性文化中的爱情观也具有一定的欺骗性。

然而,除了爱情、友情形成的这些以灵魂主导的纯粹私人关系可以与外在现实融合在一起外,对资产阶级社会的其他领域来说,灵魂训诫具有镇静安神的作用,它使人变得顺从、软弱,向现实妥协和屈从。在资产阶级社会中,肯定性文化中的灵魂文化是以虚假的形式对日常生活中不被吸纳或抛弃的需求、力量进行美化,以一种新的焕发着崇高和纯粹的肯定性特征对个体再进行支配。

最后,在资产阶级社会中,艺术之美具有慰藉作用。肯定性文化中的灵魂具有调和和移情作用,根源在于肯定性文化中具有一个无法调和的根本性矛盾需要"调和":变化着的不合理的存在与不变的对幸福的需求之间的矛盾。由物质对精神的决定作用可知,解决矛盾的根本不在于对幸福需求的消解,这个矛盾的解决在目前发达资本主义社会来说是不切实际的。当然,如果在不改变经济基础的情况下再选择一条路径来尝试解决这一矛盾(精神对物质具有反作用),那么,选择用艺术之美的虚幻性来解决也未尝不可,因为对幸福的渴望留在了灵魂深处,它们通过精神化、理想化的形而上的方式对人们进行召唤。但是,理想总是比享受幸福这种源于现实世界的需求更为抽象和形而上的,它不可能与享受幸福相辅相成,它总是在人们的精神上对现实提出具有批判性和否定性的指向,但它又要承载人们对幸福渴望的内容。在这样的矛盾中,似乎只有以艺术之美为媒介才可以使这两方面进行融合,这也因此会使人们认为在肯定性文化中美是具有慰藉作用的。马尔库塞认为:"最重要的并不在于艺术表现理想的现实,而在于艺术把理想的现实表现为美的现实。"①美可以美化理想令人向往,同时也能美化艺术使其变得完美,美能将当下的显象唤起,可以不断重复那些令人渴望的幸福的瞬间,并通过艺术手法将其永恒化。艺术之美可以始终让人感受到幸福的美,它可以时有时无地唤起人类心底对美的渴望。

"肯定性文化是一种历史形态,那些超越了存在的物质再生产的人类欲求就保留在了这种历史形态之中"②。在分配不均和阶级矛盾无法根本得到解决的资产阶级社会,即使艺术之美对社会现实具有一定的妥协性,它也同时保留了一幅更好的社会秩序的图景;即使它被资产阶级的文化价值物

---

①马尔库塞.马尔库塞文集:第四卷 艺术与解放[M].朱艳春,高海青,译.北京:人民出版社,2010:151.

②马尔库塞.马尔库塞文集:第四卷 艺术与解放[M].朱艳春,高海青,译.北京:人民出版社,2010:152.

化歪曲，也具有美感。艺术之美不会消失就是对否定性和批判性的间接表达，就会具有个体解放的意义。在专门的艺术研究领域，物化无处遁形，人们不会将现实世界的“现实”带进艺术，因为那样不仅会被艺术内在的真理拒绝，也同样经不起现实世界真理的考验。

对现代发达工业社会“去蔽”后的世界本来面目可以在艺术之美中被找到，同时，艺术通过对当下的事物进行美化从而平息了人们反抗的欲望，艺术之美一方面使社会变革成为可能，一方面具有驯化、教育大众安于现实的能力，所以美是具有强大力量的，问题在于如何运用美的力量。马尔库塞认为：“对个体来说，新的自由带来了新的束缚形式，他忍受着社会存在的不自由。一种更丰富的生活的可能性，即那种借助现代思想而显示出来的可能性，已与贫乏的现实生活形式公开对立了起来。”①资产阶级的政治统治将美变为驯化社会的工具，使人们甘于放弃人性去追逐利润，从而获得社会关系与意识形态的肯定。在根本没有幸福可言的生活中，资产阶级利用肯定性文化中美的调和作用，使人们的感官性精神化，从而继续忍受四处碰壁的生活。这不得不说是肯定性文化创造的一个奇迹。

个体的孤独成为一种合理的生存状态，并且这种孤独状态被“形而上”后而成为对抗外在贫乏的屏障，人格的社会孤立和贫乏的状态被肯定性文化所美化，但这并不能掩盖社会关系是人类的基本关系这一最本质的事实，单子式的生存状态是社会关系中被扭曲的一种生活状态。对人格进行重新塑造需要文化理想的介入，因为“人格是文化理想的载体”②。在早期资本主义社会，人格属于资产阶级个体解放的意识形态，它能使个体自由掌握自我的命运，改变环境来满足个人的需要，也就是雅各布·布克哈特所指的文艺复兴时期的“全面发展的人”，个体在这一时期所创造的内容是属于他自己的，无关乎这之外的其他任何人和事物，包括掌权的社会阶层。也就是说，人格属于个人所有且不受外界影响，具有一定独立性和自主性。而在肯

①马尔库塞.马尔库塞文集：第四卷 艺术与解放[M].朱艳春，高海青，译.北京：人民出版社，2010：153.

②马尔库塞.马尔库塞文集：第四卷 艺术与解放[M].朱艳春，高海青，译.北京：人民出版社，2010：153.

定性文化中，人格必须尊重现实社会的基础：“顺从既定的支配关系是它的美德。”①人格不再是可以对外部世界释放力量的存在，而只是以灵魂法则为依托的内心世界的退守防线。被肯定性文化个体化后的人类，自我培养出一种孤独自足的人格，从本质上来说还是社会统治阶层规训的内化，但是个体具体的私人生活仍然有一部分不受支配，倘若人不参加社会经济劳动，这一部分内容就仍不会被物化。但是，人一旦脱离社会经济劳动，个体生活受到的威胁就不会停止。所以，肯定性文化对社会的影响十分广泛，它会随着统治的需求而不断变化着统治的方法，例如像“英雄主义的现实主义”，也是产生于肯定性文化之中的，它的本质仍在于维护社会旧有的存在形式。文化上的团结一致一方面是吸收现实世界否定性而产生的假象，另一方面也传递了一种服从统一的阶层意识，个体内在抽象的共同性使得外在的共同性也是抽象的，所谓的种族、民族等集体似乎成为一些名不副实的虚假集体，而这样的外在统一又是源于人们对差异性自我的放弃，从长远来看，这样的代价似乎有些大。所以正如马尔库塞所说的：“那些已获得 400 多年自由的个体之所以能够毫不费劲地加入权威国家的纵队，在很大程度上要归咎于肯定性文化。”

(三)科学责任何以可能

本着“科学是一种解放力量”的信念，马尔库塞自 20 世纪 60 年代起一直批判美国科研机构。他认为，发达工业社会对那些不可靠的价值追求是在支配人类生活并制造毁灭式的生存危机，技术理性发展并不能改善人类的生存境况。那么，产生这样的后果除了操控政治与经济的财阀外，还要由谁来负责？在《科学的责任》一文中，马尔库塞认为：“科学(或科学家)要为社会对科学的使用负责；科学家要为科学的社会后果负责。”②

首先，科学承担着对社会使用科学合理与否进行纠偏的责任。因为现

① 马尔库塞. 马尔库塞文集：第四卷 艺术与解放[M]. 朱艳春，高海青，译. 北京：人民出版社，2010：154.

② 马尔库塞. 马尔库塞文集：第五卷 哲学、精神分析与解放[M]. 黄晓伟，高海青，译. 北京：人民出版社，2020：219.

代的纯粹科学成果能够立即转化成对全球和平构成威胁的政治和军事武器，实效性大大增加，早已不像近代牛顿、笛卡尔时期那样，科学成果需要在实验室经过反复验证才能转化成现实的成果，并且现代科技成果较之以往更具有满足现实需求的目的性，它在成为手段的过程中为了不断提高使用效率而逐渐拒绝价值理性的指导作用。马尔库塞认为，将社会变成一种科学化、高度理性化的控制与组织方式的做法，从战争时期到和平时期一直存在，这并没有消失，反而发展势头还有不可遏制的倾向。因为，如今的"科学研究和实验与经济机构、政治机构、军事机构的权力和计划不可阻挡地联合了起来"①。比起民族社会主义时期，它与国家和社会发展的结合方式变得越来越合理化，似乎多么具有否定性和批判性的社会因素都可以在这个庞大又缜密的组织方式中被合理化为一种商品或服务。令人疑惑的是，它曾经摧毁中世纪束缚人们的"统一"，现在却又具有破坏性和压抑性；它曾经使科学摆脱中世纪外在的束缚，推动人类不断走向进步、获得解放，如今却开始成为统治阶层压抑大众的重要手段，且不再尊重科学家的意愿。

其次，科学家要为科学的社会后果负责。科学具有一套自我的发展逻辑，它的发展并不会受社会的影响，但是如果不干预社会对它应用后所造成的后果，那么这个后果也会作为实证经验或多或少地被带入到下一阶段的科学实验中。科学家在进行科学研究时是本着一颗"纯粹的心"进入知识领域的，当他全身心投入到自己的科学实验中时，自然会忽略研究成果与社会现实直接的联系。但是，他的科研成果一经发表，就会由市场对其进行社会价值的评估，从而决定它以什么样的商品形式进入市场，来满足人类的消费需求。令科学家无奈的是，他们无法预见自己的科研成果给社会带来的后果究竟是怎样的。科研成果最终能给社会带来建设性还是破坏性的影响，科学家并不能给出明确的答案。因为科学家的发现是认知的第一步，接下来需要应用工程师和技术人员完成对科学家科研成果的应用处理，成型后的技术成果如何运用，实际上是由政府做出决定的。难道科学家在道德上

---

①马尔库塞．马尔库塞文集：第五卷　哲学、精神分析与解放[M]．黄晓伟，高海青，译．北京：人民出版社，2020：220.

就无须负任何责任吗？马尔库塞认为："科学家作为科学家之所以要负责，是因为社会的发展和科学的应用在很大程度上决定了科学内部概念的进一步发展。"①所谓科学的中立和价值无涉，是在提出了科学内在真理价值和意义后的表象，它成为没有内在精神指引的可操控的工具后具有了可支配性，中立、价值无涉与可支配性在现代发达工业社会中指涉的是一回事。所以，当外部势力获取了对内在科学发展的控制权后，科学自然会按照外部势力要求的方向发展。但也有持反对意见的专家，查尔斯·珀西·斯诺就认为科学具有内置检测错误的机制，因此它是中立的。马尔库塞对此认为，"麻烦不在于进入科学过程的'欺诈行为'，而在于那些完全正当的'科学'任务和目标"②。也就是说，科学除了有它的研究过程以外，在它开始和结束的地方都可以被设定要具有一定的社会政治价值，而价值无涉的科学只是盲目地推动着这样的价值前进，并且随着价值需求的变化可以和任何一种成规惯例相配合。

对此，马尔库塞给出了一个判断，他认为"现代科学在一开始就是破坏性的"③。科学在中世纪时期是作为反对钳制自由理性的武器发展起来的，然而进入现代社会后，它却反而成为钳制人具有自由理性的枷锁，这就引发了马尔库塞对社会进步与破坏之间关系的思考。那么，能否扭转这样的趋势？马尔库塞认为是可以的，但是要将这种扭转的变化作为科学自身发展必经的一个阶段。正如马克思所认为的扬弃异化要走完异化的道路一样，还需要社会历史进入到一个全面变迁的时期，科学这种扭转的变化才会成为可能。因此，这就需要计划在开始前就是正义的。科学家作为现有制度和政策的核心，在面对"科学哺育着经济"④的时代时，有

①马尔库塞．马尔库塞文集：第五卷　哲学、精神分析与解放[M]．黄晓伟，高海青，译．北京：人民出版社，2020：221.

②马尔库塞．马尔库塞文集：第五卷　哲学、精神分析与解放[M]．黄晓伟，高海青，译．北京：人民出版社，2020：222.

③马尔库塞．马尔库塞文集：第五卷　哲学、精神分析与解放[M]．黄晓伟，高海青，译．北京：人民出版社，2020：223.

④马尔库塞．马尔库塞文集：第五卷　哲学、精神分析与解放[M]．黄晓伟，高海青，译．北京：人民出版社，2020：224.

必要“拒绝为完善这种破坏提供体力和脑力，他可以大胆地说出来”①，迈出否定的第一步。马尔库塞敏锐地观察到，即使科学与现存社会是彼此相互推动地沿着既定方向共同前进，科学的实践与其内在目的之间存在的冲突也始终没有得到妥善解决。科学已不再是认识知识和真理的工具，而是运行政治权力和保持价值中立的工具。曾经具有批判性思维的科学是以保护和改善人类现实为目的出现的，“这一直以来都是科学的根本理由，放弃这一根本理由就等于说科学与理性决裂了”②。一旦如此，科学本身存在的意义也终归丧失了。马尔库塞指出，“科学作为一项人类成就，在争取自由理性的存在上仍然是最为强大的武器和最为有效的工具”③，在尊重科学自身批判性思维的同时，只有将它的发展建构成一种带领人类社会努力摆脱与死亡、破坏相结合的命运，才能使科学自身价值真正得以实现。

二、生命哲学的审美之维

（一）性欲与爱欲的否定性力量

关于性欲与爱欲的研究内容主要见于马尔库塞于20世纪50年代出版的《爱欲与文明》，这本书对弗洛伊德关于性本能的精神分析理论的批判式解读有许多精彩的部分，可以被看作与《单向度的人：发达工业社会意识形态研究》一书相互映照理解马尔库塞技术理性思想的重要文本。在《单向度的人：发达工业社会意识形态研究》一书中，作者对人的本能问题没有完全展开讨论，重点对发达工业社会中的意识形态领域进行了批判。在《单向度的人：发达工业社会意识形态研究》一书第一章“单向度的社会”中，马尔库塞表明人类的爱欲能动性及被动性都在失去。爱欲表现出了一种俗化的趋势，这是发达工业社会肯定性文化发展的必然。

①马尔库塞．马尔库塞文集：第五卷　哲学、精神分析与解放［M］．黄晓伟，高海青，译．北京：人民出版社，2020：224．

②马尔库塞．马尔库塞文集：第五卷　哲学、精神分析与解放［M］．黄晓伟，高海青，译．北京：人民出版社，2020：225．

③马尔库塞．马尔库塞文集：第五卷　哲学、精神分析与解放［M］．黄晓伟，高海青，译．北京：人民出版社，2020：225．

在《爱欲与文明》一书中，马尔库塞从人的本能出发，探寻发达工业社会下人的异化状态产生的原因，并对西方技术理性进行了追本溯源的深入研究，而他研究的突破口是弗洛伊德主张的"文明是对本能的压抑"之观点。弗洛伊德认为，性欲在文明社会是经过长久的、残酷的驯化过程才与"情感"联结在一起而成为满足人类要求的爱，这样的过程并不容易，甚至有些艰难，因为它必须对文明社会下的人际关系中的性本能进行抑制才能实现。符合社会要求的本能部分可以在文明中被保护，甚至成为备受拥护的对象，与此相应的就是其他不符合社会要求的本能部分的发展就会受到必然的抑制。性欲在文明社会中经过改善、升华而成为所谓的"爱情"，是因为受到文化的抑制，这就导致私人占有关系必然与社会占有关系之间发生不可避免的相互分离且相互冲突的矛盾。家庭生活不再是私人之间的事情，它无形中被罩了一个紧箍咒，使得人即使是在家中，即使是与自己的亲人在一起，性本能都要接受精神和道德的约束。漫长的驯化过程使这样的约束似乎成为一种必然，人不能为所欲为地"兽性大发"，否则会受到惩罚。

弗洛伊德始终把婴儿期作为他理论研究的一个方向，那是因为他认为，婴儿期会自然呈现人类本身最重要的关系，此后人类的成长过程中只是再现了婴儿期形成的一些自然关系，而这个关系却并非社会人际关系。在一个异化的社会中，甚至在前技术时期，社会中的各种亲属关系，如家长和幼儿、丈夫和妻子，社会关系中的男人与女人，阶级关系中的主人与奴仆、雇主与雇工之间都是相互对抗的。他们最初的"对抗"仅存在于一些特殊种类的普遍异化中，随着社会文明化程度的不断提高，人们之间的各种关系也不断得到升级和进化，在看似没有了阶级压迫的发达工业文明社会下，人的内在压抑实际上仍然被保留了下来，而保留下来的内在压抑就成为统治阶级进行统治和驯化的本质基础。当然，人们也可以自我掌握和控制自我当中的这种否定物，那就可以避免被送到精神病院进行治疗了。因此，马尔库塞认为，弗洛伊德的精神分析理论比起同时期许多理论而言更具有真正的精神，有关生产性哲学背后暗含的反人道力量一直都是弗洛伊德不懈地去揭示的对象。在《爱欲与文明》一书中，马尔库塞引用了奇泽姆的一段话："在万事万物中,艰苦工作成了一种美德而不是为我们的远祖一直宣传的祸害……我们的孩子们应当这样来培养他们的后代,使他们不必去从事那种可构成精神症病因的工作。”①

使人类充满幸福感的生活,不是仅凭技术理性无节制地获取资本利润而实现的,它是人的本能不受额外压抑过分驯化的真正自由地实现全面自我发展的生活。而在技术理性高度发展的发达工业社会下,人们表现出的顺从一方面来自人类顺从的历史记忆,另一方面则来自社会对人有步骤地强迫和控制。精神分析治疗是在接受了文明对人类发展的本能需要的前提下对个体,特别是对个体的性欲进行管制,它的最终目的是让人们接受现实原则。弗洛伊德认为,快乐原则存在于本我之中,而文明自我并不属于本我,它会在个体整个生命中与他的过去、现在及未来进行抵抗性的斗争。可以说,人的主要本能和快乐原则是与文明的建立相矛盾的。按照弗洛伊德理论所说的,个体顺从的程度和效果是区别心理健康与神经症之间差异的标准。精神病医生判断一个人心理是否健康是以有效顺从为衡量标准的,倘若一个人在平常生活中感到幸福和满足,那么他一定是顺从的。然而,马尔库塞认为:“正常状况是一种危险状况”②。神经症和精神病其实是本我对外部世界的反抗,是他在被迫接受外部现实原则时产生的痛苦与不情愿的一种表达。但是,“只要文明存在,压抑和不幸也就必然存在。”③或许快乐原则以及幸福的最终目标永远也不能达到,但是人类也不能放弃为实现这个目标而进行的努力和所坚持的信念,不过在当下社会中,暂时的快乐原则和幸福是可以通过一定程度的顺从而获得的。

马尔库塞认为,弗洛伊德的精神分析对社会具有一种强有力的批判作用,他的有关“生产力”的性欲等理念是对人类内在的想要超越父权中心阶段、奔向自由和实现普遍满足的未来本能的有力证明。但是,马尔库塞与弗洛伊德不同的地方在于:弗洛伊德是用精神分析疗法对社会中人的精神病

---

①奇泽姆.在持久和平与社会进步的精神病学讨论会上的发言[J].精神病学,1964,9(1):31.

②马尔库塞.爱欲与文明[M].黄勇,薛民,译.上海:上海译文出版社,2005:190.

③马尔库塞.爱欲与文明[M].黄勇,薛民,译.上海:上海译文出版社,2005:190.

症进行治疗，目的在于解决当下社会中存在的问题，且也存在理论与治疗脱节的情况；而马尔库塞发展了弗洛伊德的文明社会压抑理论，特别研究了性欲与爱欲之间的关系问题。弗洛伊德悲观地认为在压抑性社会中，人的性欲受到压抑，某种程度上来说爱欲是退化的，但马尔库塞认为，被压抑的性欲在艺术的审美作用之下仍可得到唤醒和发展，这也与马尔库塞一直以来对社会政治给予极大关注热情的研究方向密切相关。例如，马尔库塞讲道："性爱是地地道道的非政治的，但它在其非政治的品性中却保留了政治行动的目标：解放。"①

马尔库塞对人类爱欲的具体范畴没有做详细概括、分层及说明，他主要对爱欲中的男女爱情做了哲学、社会学层面的论证和分析。在马尔库塞看来，人类纯粹的爱情是与政治相对的，它来自个体中力比多的释放，具有相对的自由和解放意义。而在前资本主义社会，资产阶级将爱情与性爱相分离，一方面赞美爱情的精神圣洁，另一方面在不损害爱情圣洁形象的情况下享受着他们在性爱方面特有的阶级特权和自由。这样的自由是具有阶级烙印的，它并不属于下层阶级人民可以企及的领域。并且较为狡猾的是，资产阶级通过行使他们自由的性爱权利来向所在社会证明：性爱是自由的，资产阶级社会并没有剥削人们享受性爱自由的权利，而这样的爱情缺少不被他人替代的可能性——"忠诚"，所以资产阶级中的爱情不具有超越性，并且与马尔库塞所说的爱情是相互矛盾的。

虽然与政治相对，但是来自个体力比多中自为地对自由和解放目标的向往和追逐却又使爱情具有对政治进行变革的力量。马尔库塞对爱欲的研究在某种程度上弥补了弗洛伊德精神分析中理论与实践相脱节的情况，并且呈现出较为激进、乐观的革命态度。例如在《评阿拉贡——极权主义时代的艺术与政治》一文中，马尔库塞说道："凭借这一'幸福的承诺'，作为艺术形式的爱情成了先天的政治形式。因此它重新出现在了 20 世纪 20 年代的

①马尔库塞. 马尔库塞文集：第一卷 技术、战争与法西斯主义[M]. 高海清，马波，译. 北京：人民出版社，2020：242.

艺术反抗中。借由该‘幸福的承诺’，爱情成了艺术反抗的先天的政治形式。”①爱情来自不受压抑的人的本能，是本我力量中未能被、也无法被驯化的原始生命力的舒展，它无法被发达工业社会下技术理性合理化、规范化，即使爱情也有被物化的趋势，但这只是爱情在当代发达社会中表现出的其中一个方面，它还有辩证的、否定的另一方面——对自由与解放的向往。从本质上来说，爱情与自由是可以画等号的，例如在诗歌这样的艺术形式中，它的韵律与自由流淌的情感不谋而合，即使再精心编排的垄断性文化语言被强行植入诗歌的韵律中来凸显当代工业社会下个体爱情的规训和顺从，也会被诗歌的语言无情地疏远和疏离。因为诗歌这种艺术形式并不能由机器制作完成，它是高度人为的活动，它可以轻易表达出复杂的观念，但却无法表达出由政治操控的垄断性文化内容，非要如此也无法在诗歌语言中体会到震慑心灵的力量，因为它并没有情感。与弗洛伊德不同的是，马尔库塞认为爱欲是对性欲的升华，只有升华了的性欲才能成为具有疏离性的、自由的、忠诚的爱欲。所以相对性欲来说，爱欲是一种精神，它可以使人们不计较性欲的痴缠而抽象为一种更具幸福感的精神力量，这种力量会带来社会变革的可能。就像马尔库塞所说的：“政治行动是爱情的死亡，但政治行动的目标却是爱情的解放。”②可以说爱欲，特别是爱情，对社会现实是具有批判功能的。

(二)艺术与革命

在《单向度的人：发达工业社会意识形态研究》一书中，马尔库塞引用了怀特海的一个命题：“理性的功能在于增进生活的艺术。”③这个命题说明了理性自身存在的两个问题：一是理性仍有待于具体发展，二是理性会失败。可以看出，在怀特海给理性功能所下的定义中，“艺术”是一个具有决定性否

---

①马尔库塞.马尔库塞文集：第一卷 技术、战争与法西斯主义[M].高海清，马波，译.北京：人民出版社，2020：242.

②马尔库塞.马尔库塞文集：第一卷 技术、战争与法西斯主义[M].高海清，马波，译.北京：人民出版社，2020：254.

③马尔库塞.单向度的人：发达工业社会意识形态研究[M].刘继，译.上海：上海译文出版社，2008：180.

定的元素。对这个命题所具有的内涵和意义,马尔库塞是赞同的,并且他认为,理性已随着资本主义的逐步发展,变成了和艺术相对立的关系,艺术不仅与科学、技术以及操作理性毫无关联,还被授予了一个极不合理的特权——人的灵魂的安抚者。不过,这个所谓的"人的灵魂的安抚者"所行使的特权是有条件限制的,它配合着统治的需要而随时调整安抚方式,或者是使科学理性和艺术理性分离开来服务于统治的合理性,或者是将艺术整合进统治领域中进行调和,从而达到否认艺术理性的作用。

然而,在古希腊亚里士多德的哲学时代,科学与艺术并不是疏离的,它曾包含着审美理性、自由游戏、反讽戏剧以及未来可能有关转化的任意想象。倘若科学没有对任何想象力或任何可能性进行合理化尝试,也就不会有今天发达工业社会下技术理性的突破性发展。但是,这种想象力和可能性中那个不能随意把握的不自由、不设限的信念,对技术理性的发展却是一种威胁,但也是它再一次获得解放的一种可能。

按照马尔库塞关于技术理性发展的预设逻辑来说,科学理性在工业文明的发达阶段已成为主导历史发展走向的决定性因素,它的主导地位的形成并不是历史替代性选择自然而为的结果,而是由背后的政治力量在操控和管理。人们不禁提出疑问:究竟有没有在未来的发展中对科学理性进行否定与超越的可能性的选择?如果有,这个可能性的选择会是什么?是"生活艺术"吗?马尔库塞对此给予了肯定的回答。原因是,在高度发达的工业社会中,社会必要劳动已被机械化、自动化逐步取代,它已不是早期资本主义社会中那种个别群体或阶层的个别强制性劳动,劳动的组织方式较之于马克思撰写《资本论》时期发生了变化,而机械化、自动化的社会必要劳动将会把科学理性的应用推向一个顶点。乐观地说,科学理性进一步发展可能将会迎来一个本质上质变的转化,也就是一种区别于形式量变的裂变的到来,即一种新的现实可能性——生活艺术,当然,这是以人的根本需要被满足并具有额外可自由支配的时间为前提条件的。在这个条件下,科学理性有可能会向非政治要素的、超功利的、具有疏离性的生活艺术敞开怀抱,而这种可能性的到来并不能跳过技术现实的成就,而是要在技术现实成就的基础上进行实践，才具有发生的可能。

马尔库塞认为的对社会具有革命和解放功能的“艺术”的内涵相对来说是特定的，是他自行解释的概念。他认为：“真正的艺术在本质上是革命的，也正因为如此，他不接受任何特定的革命实践的要求。从这个意义上讲，艺术是自主的。”①马尔库塞始终认为，艺术与现实之间是存在差异的，它不仅具有对现实肯定的部分，也有对现实否定的部分，即与现实一定是辩证的关系。如果说艺术可以让大众产生革命意识的话，那也是由疏离于主流意识和大众存在的“外部”的艺术而为，那些所谓从现实、从大众中走出来的革命艺术形式，并不具有真正革命的潜能。正如他所说：“只有发生了变革的现实才是艺术的现实，只有这种变革才有可能在审美接受中产生对世界的新的感知、经验和理解；打破既定经验和既定现实本身的垄断才有可能产生新的主体。”②

马尔库塞虽然提出了“单向度的理论”，但是他从未认为科学理性和技术现实是完全要被摒弃的，他只是认为可以在现有社会科学和技术理性发展的现状下进行必要的调整和修正，对资本主义社会的制度，他并没有予以否定，因此他说：“我已经指出，这并不意味着‘价值’、精神或其他的东西的复活，而不过是对人与自然的科学技术改造的补充。”③在米已成炊、木已成舟的社会现状下，科学理性的历史成就已成为既定事实，迈步走向技术理性发展的高昂阶段也是社会必然性选择的一部分，推倒所有重来不仅不会使社会变得更好，反而会催生出其他难以预料的问题和矛盾，因此，关键在于要重新肯定价值理性在技术过程中的重要作用，并运用技术术语将其进行转化性改造。这种有些艰难甚至迂回的革命设想看似向现实妥协，实际上是马尔库塞对理性与艺术结合之可能的前提预设，他最终的目的是想让理

①马尔库塞.马尔库塞文集：第四卷　艺术与解放［M］.朱春艳，高海青，译.北京：人民出版社，2020：276.

②马尔库塞.马尔库塞文集：第四卷　艺术与解放［M］.朱春艳，高海青，译.北京：人民出版社，2020：280.

③马尔库塞.单向度的人：发达工业社会意识形态研究［M］.刘继，译.上海：上海译文出版社，2008：183.

性与艺术会聚、逻各斯与爱洛斯完美相融,这样,具有否定辩证关系的二者相互指引交互发展,才会真正避免"单向度社会"继续物化发展的可能。由于提出了艺术是变革今后单向度社会发展的重要因素,马尔库塞普遍被认为是浪漫的乌托邦主义者,实际上技术与艺术的结合在历史上一直是有迹可循的,艺术本身具有可以融合的合理性。在古希腊时期,技术与艺术的结合被称为"技艺",二者具有紧密的亲缘关系,那时的艺术家在进行艺术构造的过程中,不仅需要掌握扎实的技术手段、熟练运用各种技术工具,还需要有一个终极因作为他劳动的最终指导,就像发达工业社会中的工程师设计各种机器一样,必须要有个最终目的,只不过古希腊的设计师更会考虑艺术在制造过程中的指导作用。

在《单向度的人:发达工业社会意识形态研究》一书中,马尔库塞说:"艺术的改造破坏了自然对象,而被破坏的自然对象本身就是压迫人的;因此,艺术的改造即是解放。"①令人产生疑惑的是:艺术的解放这种激进变革社会的方式,似乎与艺术对自然科学技术改造的补充之间存在矛盾,变革是种质的裂变,它不是量的补充,如果仅仅是补充而已,那么艺术解放的出现又何以可能呢?

对这样的疑问,马尔库塞的回应是,艺术合理性的"谋划"本身就是一种尚未实现的不确定性能力,它的实现要建立在经由科学技术改造后的社会基础上来予以逐步实现。也就是说,在激进的革命设想面前,马尔库塞的哲学论证还是很谨慎的,他给予当代技术理性发展了一个终极因,而为避免陷入先验论的诘难,于是他把乌托邦的美学构想与实证主义相结合。或许在部分研究马尔库塞的文献中,我们看到的是马尔库塞分别针对实证主义、乌托邦主义进行激进的批判,而对艺术与革命的关系又予以激进的肯定。例如在《艺术与革命》一文中,马尔库塞说道:"艺术由于其自身的颠覆性与革命意识联系在一起……只有决裂、飞跃才能阻止社会主义社会中'虚假'意

①马尔库塞.单向度的人:发达工业社会意识形态研究[M].刘继,译.上海:上海译文出版社,2008:189.

识的复活。”①但是，这并不是他拒绝实证主义、乌托邦主义、艺术中合理部分的表现，看似激进的单边倾向实际上是马尔库塞对激进的单边倾向的另一种否定和批判。所以，马尔库塞论证道：“如果艺术还原成功地把控制与解放联结起来、成功地指导着对解放的控制，那么在此时，艺术还原就表现在自然的技术改造之中。”②这是马尔库塞对否定辩证法的具体运用的体现，所以不论是艺术或是技术，在马尔库塞技术理性思想中都不是社会发展的第一主角，只有它们二者联合起来才会形成社会发展需要的真正角色。

三、以“超越单向度的人”反抗西方技术文明

对技术理性的荒谬性所导致的“单向度的人”之问题，马尔库塞在反对越南战时的一次献给梅叶霍夫的讲座中提出了“超越单向度的人”之观点。马尔库塞认为，自笛卡尔以来的近代哲学家主张以“我思”（理性）为主体，透露出以人的利益为改变世界基点的乐观主义，实际上具有一定的荒谬性。因为，面对科技理性带来的世界战争，超级大国在世界上最贫弱的小国面前也丧失了威风，足以证明理性战胜一切的荒谬。在发达资本主义社会内部，全面的反抗已经开始：学生对时代主题的反叛、被压抑阶层对看似生机勃勃的社会提出的质疑、拒绝和控诉等，引发了世界人民对一个问题的思考：该怎样对待技术进步和人类进步之间的反差？黑格尔曾有一个著名命题：“现实的即是荒谬的，荒谬的即是合理的。”③对黑格尔来说，即使他认可理性的伟大，也无法认可理性中被合理化地充满荒谬性的那部分内容。而在现代存在主义哲学中频频出现的对现行秩序荒谬性的反抗，如今早已超越其成为现实世界的事实表现。马尔库塞曾在20世纪40年代法西斯主义和民族社会主义的军事侵略中看到了技术理性的强大能量及毁灭性，表示它有可

---

①马尔库塞.马尔库塞文集：第四卷　艺术与解放［M］.朱春艳，高海青，译.北京：人民出版社，2020：257.

②马尔库塞.单向度的人：发达工业社会意识形态研究［M］.刘继，译.上海：上海译文出版社，2008：180.

③马尔库塞.马尔库塞文集：第二卷　走向社会批判理论［M］.高海青，陶焘，译.北京：人民出版社，2010：127.

能在战后继续以合理化的方式发展下去。事实证明,马尔库塞的预见是对的,技术理性在具有支配性和剥削性的发达工业社会制度中得到了合理化的改进,实现了生产效率的跨越式提高。不过,即使高度发达的消费社会给予人们充足的物质需求,文化的贫乏、精神的空洞以及本质上具有的侵略性也会再次在追逐利益的号角吹响后踏入别国领土进行践踏。但是,弱小又贫困的民族向世界证明了超级大国的不堪一击,并且证明了团结仍可以成为抗衡科技理性的有效武器。在超级大国内部,被转移阶级矛盾而产生的新型阶层——白领阶层和与其类似的非产业工人阶级的社会团会体会自发地对不合理的、压抑的社会制度及其组织模式进行反抗。在马尔库塞看来,只要有反抗就会有未来激进式变革的可能。但是,变革的根本在于政治本身要对未来制定相应的目标和策略。没有政治决策的哲学、美学,即使具有完美的理论预设,也无法付诸实践。

但是,经过肯定性文化调和后的社会反抗内容,被不断虚化、俗化,成为现实主义和政治内容合理化的一部分,社会基础稳固的发达工业社会似乎没有可以对其构成再次冲击的方式。不过,马尔库塞认为:"正因为如此,想象力才会表现为理性的能力,表现为激进变革的催化剂。"①马尔库塞对感性的想象力在变革社会组织方式的功能上寄予厚望。即使想象力被作为存在于感性中还未被开垦的荒芜之地,但比起技术理性的荒谬性来说,至少还没有发挥出它具有毁灭性和破坏性的一面。它可以成为人们重新建构新生活的一种文化功能,但也绝不是唯一的一种文化功能。辩证法的逻辑会在历史中被证明,想象力倘若不被掌握在真善美手中的话,也会激发出矛盾的对立面,产生人类社会发展的消极一面。

马尔库塞认为,发达工业社会亟须对价值进行重估,形成一种新的具有否定性、批判性的合理性,而不是资产阶级社会技术理性一体化后的合理性。价值的合理性一方面体现理性发展的进步性,另一方面也应该体现感性发展的进步性,而资产阶级社会的合理性发展仅体现在理性一面,感性一

①马尔库塞.马尔库塞文集:第二卷 走向社会批判理论[M].高海青,陶焘,译.北京:人民出版社,2010:130.

直备受压抑，这一方面是社会工业化生产的需要，另一方面也是对人的本能的一种恐惧。因为知道人的感性释放的力比多具有毁灭性的力量，所以，资产阶级统治者为了实现资产阶级少部分人的利益，势必会通过压抑人的感性从而达到攫取集团或个人最大利益的私有化目的。人的感性一旦被释放，新的感性随之产生，随即宣布了被压抑、被规范的“奴役状态”的终止，而私有制的统治模式也即将面临垮台的危险。为了防止这种可以预见的危险，资产阶级利用文化的俗化方式，将高雅艺术、精英艺术通过商品化再生产的方式大量投入到消费社会中，使曾经令人难以企及的上层艺术变为普通大众可以购买和消费的商品，从而满足人们对感性升华的需求。看似是体现社会民主、公平、自由的改造方式，实际上是在顺从市场经济规律的同时让社会的批判性、否定性元素被不断地调和和洗刷，精英阶层和反对派不再具有呼吁变革社会的话语权，他们成为大众的一分子，社会只呈现出统治和被统治的两个阶级，没有质的不同，只有量上的区别。

统治阶级进行的文化的俗化并不是完全悄无声息，也有敏感意识的反抗者对社会已提供的现成的所看、所听、所触及的东西进行本能的抵制，他们已无法再接受现成的被安排的一切事物，也无法再进行自由的个人意志的表达。他们对文化的俗化进行抗议，希望废除或扬弃既定文化中被理想化的、压抑的力量，而不是抗议文化的所有内容；“它抗议的是把自由与平等视为‘内在’价值——即在上帝面前、在法律面前的良心的自由和抽象的平等，因此或多或少可以与实际的不自由、不平等和谐共处——的文化，抗议的是爱情的浪漫化、内在化，抗议的是虚幻的美化和减轻现实的恐怖”①。或者有人会质疑，“文化的俗化”本身就无法成立，因为按照弗洛伊德的观点，一切文化都源于升华，在人类现有历史进程中并没有出现过文化俗化的现象，因为文化的俗化就意味着文化的倒退。但是，马尔库塞强调，反抗者所进行的俗化反抗与统治阶层使文化俗化的内容和方式均不相同：反抗者所进行的俗化反抗是号召被压抑者们对文化的压抑性进行反抗，剔除文化

①马尔库塞．马尔库塞文集：第二卷　走向社会批判理论［M］．高海青，陶焘，译．北京：人民出版社，2010：131．

中具有剥削性的元素,还原文化中人本应具有的本质和价值,文化不应展示充满攻击性和破坏性的内容,它使人类创造性的活动在不同历史阶段对人的物质及精神生活起平衡作用,理性或者感性的任何一方作为统治因素都有可能唤起人们反抗的俗化倾向,也会使越来越多的被压抑者重新站起来宣布个体的独立和自由。所以,按照马尔库塞的说法:"这种俗化反抗的仅仅是文化的压抑性,因为,正是它培养了虚假意识、虚伪的道德、受管制的娱乐和欢愉形式,自以为是地服从我们社会中的人际关系管理。"①

马尔库塞认为,当人们对社会中的支配性要求进行反抗时,意识的触角就已伸出限制之外,这时候需要想象力对未来的生活进行重构,也就使感性被再次解放。感性的解放有助于将艺术还原至它本身应有的位置,用俗化的方式抗议艺术的俗化也只是特定历史阶段的特殊做法,因为,艺术融入生活本身就是对艺术的否定。感性解放后,它通过唤醒人的本能,从而对人的理性进行解放,不再使支配性规则成为统治社会的唯一规则。这种观点承认了历史是运动的,但是论述的内容却具有浪漫主义特征。不过,现实世界的一些行为却又可以佐证这种观点并不仅仅是一种形而上的构想,发生于 1968 年 5 月法国巴黎的"五月风暴"以"一切权力归于想象力"为口号,表达了发达工业社会中工人阶级和学生团体对科技理性发展社会的拒绝和反抗。对这一抗议活动马尔库塞予以高度肯定,他认为,人们已不满于资产阶级对抽象的公平和正义的虚伪表达,在识破了发达工业社会中以支配性为目的的政治行为后,人们号召用个体的想象力来抵抗现实社会中呈现的一切事物,体现了人类文化发展的进步性。但是,他也提出了这样的质疑:"除了纯粹的幻想、虚构、乌托邦式的思辨外,到底还有没有超越既定合理性的东西?"②

对此,马尔库塞从康德的"第四批判",即创造性的想象力批判的论证入手,阐述了他对想象力可以担负起社会变革责任的观点,因为在他看来,想象力的产生本身也是随着人类社会发展过程而产生的具体内容,它并没有

①马尔库塞.马尔库塞文集:第二卷 走向社会批判理论 [M].高海青,陶焘,译.北京:人民出版社,2010:132.

②马尔库塞.马尔库塞文集:第二卷 走向社会批判理论 [M].高海青,陶焘,译.北京:人民出版社,2010:133.

外在于现实世界成为灵魂领域的内容，而是可以与现实之间保持一种辩证的关系。通过想象力，人类创造了文字、艺术、文学和音乐，它体现了现实的真实性和连续性。但是，马尔库塞进一步表示，"一切权利归于想象力"不仅仅是人类文化的反抗性表达，更是具有政治内容的体现，因为如果一旦实现了这种变革，那么关于人类社会中的社会关系、生产方式、社会制度等一切内容都要进行重构，甚至影响到社会阶层划分的调整，那么它也就很明显地展现了它所具有的"元政治"力量的意义。马尔库塞看似是在对想象力这样具有乌托邦色彩的历史元素进行据理力争的论证，实际上他最终的目的是想通过它来说明一个人类亟待解决的问题："全面而彻底的共生关系——保持共生关系的科学与人文思想变成了社会控制的引擎——有其自身的发展动态。"①也就是说，科学和技术在征服自然和控制人类社会上成就和范围有多大，随后遭到自然和人类社会爆炸性危险的可能性就有多大；如果一味发展理性而不注重感性发展的筹划，之后非理性不受控制的发展程度将会遏制理性发展的既定方向。

所以，从马尔库塞的视角来看，任何社会元素都不是孤立的、单一的，它们之间必定有着必然的联系，只是存在不同历史阶段谁更先于表现和发展的问题。不能因为经济和政治是社会发展的基础就忽略文化的决定性作用，一旦过度忽略文化发展的自然生态，人类最终会受其反作用而陷入僵局。马尔库塞在强调文化的重要性时并没有忽略政治、经济的重要性，他提供了一种尊重彼此发展而不是谁控制谁、谁主宰谁的思考方式，这也符合马克思所提出的"全面发展的人"和人的自由全面解放的观点。

值得注意的是，马尔库塞为走出"单向度的人"而建构的生命哲学还依托于一个十分重要的维度——弗洛伊德精神分析理论。马尔库塞吸收了弗洛伊德对生命有机体所做的两种本能划分：爱欲本能和死亡本能。爱欲本能是生命本能，是爱欲的能量；死亡本能也就是死欲、破坏性能量，具有摧毁和消灭生命的能力和愿望。他同时阐述了对"现实原则"的观点：是"现有社

---

①马尔库塞．马尔库塞文集：第二卷 走向社会批判理论［M］．高海青，陶焘，译．北京：人民出版社，2010：133.

会中那些被认为支配正常行为的规范与价值的总和”。他对“激进变革”的观点“不仅仅是现有社会基本制度和关系的变革,也是这个社会中的个体意识的变革”①做了进一步阐释。马尔库塞认为,晚期资本主义社会中个体成员的性格结构较之从前发生了质的变化,显示出了一种在制度化的破坏性语境下所特有的破坏性性格结构,这种制度化的破坏性语境简要说就是全球范围的战争、战略合法化以及由此而带来的对自然的破坏性污染,而这所有的破坏性最终会反噬到人类身上,人类并没有因为如此大范围的全球战略而受到保护,反而遭受了前所未有的死亡威胁。那么,这种破坏性性格结构是如何影响个体心理的呢?马尔库塞借用弗洛伊德关于两种本能之间的“平衡”理论对此做了解释:“两种驱力在个体内部总是融合在一起。如果一种驱力增长了,那么另一驱力就会消减。换言之,有机体内任何破坏性能量的任何一次增长都将机械地、必然地导致爱欲的削减,生命本能的削弱。”②个体心理又如何转为社会心理呢?马尔库塞认为,个体心理学与社会心理学并没有本质的区别,因为所有个体都得经历不同程度的社会化,个体会吸收外在社会的相关制度、价值与目标,社会制度和政策的制定同样需要对个体需求进行了解。

马尔库塞对个体心理和社会心理如此分析的好处是:可以进一步解释为何在社会外在强加的需求和支配下人的性格结构会发生改变,成为一方面具有肯定性的,另一方面又具有破坏性的性格结构,并表示,只有真正的否定性性格结构才能促成变革社会的性格结构——激进的性格结构。激进的性格结构是指“在个体层面上生命本能相比死亡本能更占优势,爱欲能量相比破坏驱力更占优势”③,它可以抵抗顺从意识和“消费社会”下错位性、压抑性的满足,甚至有可能在此基础上实现“具体的乌托邦”。马尔库塞认

①马尔库塞.马尔库塞文集:第五卷 哲学、精神分析与解放[M].黄晓伟,陶焘,译.北京:人民出版社,2020:297.

②马尔库塞.马尔库塞文集:第五卷 哲学、精神分析与解放[M].黄晓伟,陶焘,译.北京:人民出版社,2020:299.

③马尔库塞.马尔库塞文集:第五卷 哲学、精神分析与解放[M].黄晓伟,陶焘,译.北京:人民出版社,2020:300.

为，对消费社会下虚假满足的拒绝是很有必要的，因为发达工业社会中的每一步文明，如对自然新能源的开发、国防安全、全球经济一体化、技术进步等都是建立在违背自然和操纵、控制人类的基础上进行的。激进的性格结构同时也潜藏于破坏性的性格结构中，只会在仅有跨越阶级的小团体中展现出来，如学生运动、女权运动、环保运动等。虽然激进的性格结构实际上是个体受到压抑的外在拒绝表现，并没有和社会的政治功能有关，但是回归自我却又是打开社会变革的新维度。

马尔库塞始终认为，社会个体和社会政治功能是有本质的内在联系的。然而，不愿变革的意愿一方面来自现有国家，另一方面也来自个体本身。人们即使普遍希望减少异化劳动、增加自由可支配的休闲时间、回归个体意识，但是排斥可能的历史变革除已对当下社会的优越感深刻认同、认为社会具有压倒一切和补偿的能力外，也具有其内在根源，这也是马尔库塞认为变革受阻的内在本质根源。他用弗洛伊德的理论解释道，生命在最开始的地方（子宫）得到了满足和自由的状态，随后的生活都是离这种原初生命体悟越来越远，为了再次回到这种原初生命的状态，人类选择用破坏（死亡）本能对外化的生命进行否定，表现出来的就是对自然及其他生命的破坏，弗洛伊德称这种驱力为“漫长的死亡之途”。不过马尔库塞对此观念进行了超越，他认为爱欲才是摆脱痛苦的自由状态所真正的能量，因为人在盛年阶段以及成熟阶段是渴望进步并对此会付诸行动的，在呵护生命的过程中人类找到了与世界和平相处的满足感。所以，激进的生态运动既是对个体心理解放的召唤，也是令大资本利益受到威胁的政治运动。不过，马尔库塞也预见到激进变革在晚期资本主义社会中前行的艰难，顺从的意识形态在各个方面存在吞噬激进的可能，但是变革的决心始终都要有，因为人性并不是永恒不变的，人类不论在本能结构还是身心结构上都是可塑的，并且在高度集权一体化的社会政治面前，变革的根本目标实际上是“促使那种无论生理上和心理上都不会创造另一个‘奥斯威辛’的人类的涌现”①，我们从中可以看出

①马尔库塞．马尔库塞文集：第五卷　哲学、精神分析与解放［M］．黄晓伟，陶焘，译．北京：人民出版社，2020：305．

经过第二次世界大战洗礼后的马尔库塞内心深处对战争所具有的深沉忧患意识。

《普罗米修斯之子：关于技术与社会的 25 个论题》是马尔库塞生前(1979 年夏)做的最后一个讲座的名称，也是他发表的一篇文章的名字。在文中，他提道：“生产性的破坏过程在资本主义社会框架下不可能被取消。因为，克服生产性的破坏原则与资本主义的组织原则相抵触”①，但他又同时指出“也许技术这处创伤只能由致伤的武器来治愈：要想自然与社会达成和解，不能摧毁技术，只能重构技术”②。马尔库塞在临终前更深一步认识到晚期资本主义社会将继续通过技术理性来生产死亡驱力，如果不对技术进行重构，使技术在资本的驾驭上继续驰骋，那么人类与自然的对抗性存在模式将会更难被改变。重构的新技术与新科学又是怎样的？马尔库塞的预设是，它将是和平与解放的工具，服务于培育、扶持人类的生命与健康，不再受支配成为破坏性的工具。这样的预设，我们在马尔库塞 1968 年以后的大部分作品中都可以找到雏形，也就是他所提供的关于晚期资本主义社会发展下人类可供选择的两种模式：一种是接受支配与管理的破坏性本能的释放，另一种是肯定生命实践、重构科学和技术价值的爱欲本能的彰显。第二种模式中蕴含的乌托邦式的幻想可能和社会的现实原则之间距离遥远，但是马尔库塞认为它具有价值具体化的可能。

①马尔库塞. 马尔库塞文集：第五卷 哲学、精神分析与解放 [M]. 黄晓伟，陶焘，译. 北京：人民出版社，2020：320.

②马尔库塞. 马尔库塞文集：第五卷 哲学、精神分析与解放 [M]. 黄晓伟，陶焘，译. 北京：人民出版社，2020：321.

第二章 马尔库塞技术批判理论与马克思主义文化哲学

第一节 马克思主义文化哲学的生成和发展

一、西方文化哲学与马克思主义文化哲学

(一)西方文化哲学的生成

18 世纪意大利启蒙时代思想家詹巴蒂斯塔·维科被认为是西方文化哲学最重要的创始人之一,他以“人类的形而上学”为核心思想提出的文化哲学基本内容和方法,影响了 19—20 世纪文化哲学发展的诸多方面。

维科提出的“人类的形而上学”是对笛卡尔形而上学的怀疑和否定。在刚开始接触哲学研究时,维科对笛卡尔的形而上学就无法接受,直到笛卡尔哲学发展到鼎盛时期,维科发现并指出了笛卡尔形而上学存在的两个方面错误:一是用“以物质为出发点的机械式物理学”来研究形而上学根本无法解释的人类的心灵活动,它没有在研究人的哲学中体现它存在的意义;二是其所建立的从物质实体到物体形态的体系始终不一致,实体是被假设的独一无二的物质实体,而由实体变相来的物体形态却是没有实体性的存在。总之,笛卡尔的形而上学始终关注的是物理学范畴,并没有涉及对人的哲学的研究。为解决笛卡尔哲学存在的错误问题以及建立一个真正研究人的哲学体系,维科将形而上学的研究基础从物理学转向民政世界,将哲学、法学、语言融合后建立起以“人类的形而上学”为研究范畴的“新科学”,作为西方

文化哲学的重要起源。

概括来说，维科“人类的形而上学”的主题思想主要体现在三个方面。首先，它研究人的本性。与笛卡尔的形而上学完全不同的是，维科通过阐述玄学女神与天神、荷马之间的关系说明如何研究人的本性问题，天神代表人类历史的规律性，荷马代表“诗性的智慧”，人类“诗性的智慧”来源于人类历史的规律性，而这又是维科研究“人类的形而上学”的最终目的——揭示人类社会历史的规律性。其次，揭示人的本性是人的社会性文化。维科并未用自然界秩序来说明人的本性，而是通过民政世界与各民族的神话、宗教、制度、风俗习惯、语言等文化形式来说明人所具有的社会性文化之本性，即文化和社会是人能动地创造的，而不是由既定自然秩序安排的。再次，人的文化存在方式以象征性为主。维科以具有象征性意义的符号说明，实在性和象征性是任何文化创造物都具有的两种特征，而象征性更为主要。人的文化存在同时具有物质存在和意义存在两个方面内容，物质存在会随着文明的更迭而消逝，意义存在则会随着历史的发展继续被保留下来。

在《新科学》一书中，维科对既有的关于人、人的本性(即本质)定义做了重新研究。他认为，对人的研究应该跳出已经充分发展的人的框架，回到人的最原始形态，即人从毫无约束的野兽般的野蛮状态进入被异教世界控制和规训的过程中人类思维产生阶段的那个形态；在人的最原始形态中才能找到人的本性——人类心灵的不确定性。所谓人类心灵的不确定性，维科将之定义为人的超自然特性，指人在改变自身自然和创造人类世界的过程中发展的内在冲动和欲望。这样定义是为了将人的自然和人的人性进行区分，表明人不会因身处自然状态而失去人性，人性会随着人不断超越自己和自然而得到发展，人也会因人性的不断发展而成为真正意义上的人。人性的不断发展促使人将超自然的内在冲动和欲望变为现实，若仅停留在静态的自然状态中，人不会成为真正意义上的人。所以，超自然的创造活动是将人性的生成与发展变为现实的最重要因素，维科把它称作“制造”，而“制造”就是指人的文化创造。诸如宗教、神话、科学、哲学、艺术、语言、制度等形式都属于人的文化创造。人的文化创造包含创造文化的冲动和欲望以及由此产生的文化创造活动，一个代表的是文化创造的存在方式，另一个代表的是文化创造的思维方式，也就是说，“人的文化创造是在存在和思维两个层面上展开的”①，而它们也是构成维科“人类的形而上学”体系的主要内容。

揭示人类社会历史规律性的“诗性的智慧”是维科研究“人类的形而上学”的最终目的，也是人的文化创造的存在意义。“诗性的智慧”包含两层含义：一是古代民族智慧，二是本体论意义上的哲学智慧。维科对本体论意义上“诗性的智慧”又做了区别界定：“智慧”是对人自身功能的训练，不仅限于认识论意义上的“求知”，而且是理智和想象统一的研究人本身的哲学，训练人自身的功能即强调人的文化本体论意义；“诗性”是对“智慧”功能的规定，指的是原始人以“强旺的感觉力和生动的想象力”②所进行的创造活动，即“人的感性的创造性活动”③，其体现了两个根本特点——创造生命的活动本质以及理想与现实的统一。维科在“人类的形而上学”文化哲学体系中，用“诗性的逻辑”展现“诗性的智慧”，凭借这一功能“来指明神的实体的意义”④，“诗性的逻辑”以比喻作为表达“神的实体意义”（感性生命）的认识形式，“把个体或物种的可以说是具体的特征、属性或关系结合在一起，从而创造出它们的诗性的类”⑤。维科通过比喻这种抽象的形式力图证明：人类认识的本性在于认识的创造性，它存在于任何时代和民族中，人的生命世界和生活世界是创造出来的，并不是由自然安排出来的，所以感性的创造性认识论也是“人类的形而上学”的认识论。

维科从探讨人的本质出发，在构建文化本体论和感性的创造性认识论的过程中，将“人类的形而上学”主题思想全面展开，“创立了一个与近代理性主义哲学相对峙的文化哲学体系，开了现代人文主义哲学的先河”⑥。维

①何萍．马克思主义哲学与文化哲学[M]．武汉：武汉大学出版社，2002：27．

②维科．新科学[M]．北京：人民文学出版社，1986：161－162．

③何萍．马克思主义哲学与文化哲学[M]．武汉：武汉大学出版社，2002：28．

④维科．新科学[M]．北京：人民文学出版社，1986：177．

⑤维科．新科学[M]．北京：人民文学出版社，1986：230．

⑥何萍．马克思主义哲学与文化哲学[M]．武汉：武汉大学出版社，2002：28．

科的文化哲学体系既体现了现代人文主义哲学的共性部分的内容，也体现了文化哲学的个性部分的内容：人文主义哲学的共性部分的内容主要是以人性作为哲学研究的对象、出发点，并以语言作为理性的工具，这就与以笛卡尔为代表的以外在于人的物质和精神实体为研究对象，以数学、物理为理性工具的近代理性主义哲学家在研究内容上形成鲜明的对立；文化哲学的个性部分的内容是“人的文化创造活动和历史主义原则”①，人的文化创造活动具有不确定性，历史主义原则也不是绝对被动的，“在不同的文化哲学体系中，历史主义原则会有不同的内容，并由此决定着该文化哲学体系的特性”②，如维科的历史主义叙述内容以挖掘民政社会“诗性的智慧”为目的，对宗教、婚姻、死葬的基本习俗进行主要考察，而马克思历史唯物主义叙述内容则是通过批判工业文明和与之相关的资本主义生产方式来考察人与自然的关系、人与社会的关系，以及人与人之间的政治、文化关系，具有更为广泛的含义。

维科的文化哲学体系揭示了一个问题：文化哲学的发展与现代其他哲学及其他派别之间具有相互交融的关系，并不是独立出现的。因此，我们只有以广阔的现代哲学发展为研究背景，才能开阔我们的眼界，加深我们对文化哲学内容的理解，从而提高文化哲学的理论研究水平。

(二)马克思文化哲学的提出

第一，马克思对维科文化哲学的继承。

本书将马克思的文化哲学与维科的文化哲学联系起来，一是因为从19—20世纪马克思主义哲学发展史来看，马克思、恩格斯、拉布里奥拉、拉法格、葛兰西等哲学家都曾通过维科的哲学思想来阐发自己的哲学思想，并在之后的哲学体系建立过程中逐步超越维科，如马克思主义文化哲学；二是研究马克思的哲学著作时，可以从具体文本中找到其引用并赞同维科文化哲学的相关语句，进一步比较二人的哲学范式，还可以从中发现二者在文化哲学方面所具有的相似性。

①何萍.马克思主义哲学与文化哲学[M].武汉：武汉大学出版社，2002：34.

②何萍.马克思主义哲学与文化哲学[M].武汉：武汉大学出版社，2002：34.

马克思在《资本论》一书中分析手工业工具和机器之间的本质区别时做了一个脚注："因为，如维科所说的那样，人类史同自然史的区别在于，人类史是我们自己创造的，而自然史不是我们自己创造的。工艺学会揭示出人对自然的能动关系，人的生活的直接生产过程，以及人的社会生活条件和由此产生的精神观念的直接生产过程。甚至所有抽掉这个物质基础的宗教史，都是非批判的。事实上，通过分析来寻找宗教幻象的世俗核心，比反过来从当时的现实生活关系中引出它的天国形式要容易得多。后面这种方法是唯一的唯物主义的方法，因而也是唯一科学的方法。那种排除历史过程的、抽象的自然科学的唯物主义的缺点，每当它的代表越出自己的专业范围时，就在他们的抽象的和唯心主义的观念中立刻显露出来。"①这段话是马克思用维科的思想来为自己的思想进行的佐证。马克思在《资本论》一书中对手工业工具和机器进行比较时，一方面通过资本主义生产方式的变革揭示了资本主义的发展规律，另一方面更说明机器（"工具机的工具"）的形成和发展展示的是一部人工世界的发展史。正如马克思所说："工具机的工具是一个机构，具有'独立的、完全摆脱人力限制的形式'"②，因此，我们不能采用达尔文进化论、自然唯物主义、宗教学等方法对其进行研究，而要采用维科的"历史是人自己创造的"人类历史的方法来对人类的感性的对象性活动进行研究。

维柯哲学中的"诗性的智慧"是指早期人类通过想象力、隐喻等感性能力创造神话、语言和社会制度的文化生成机制。它是人类文明起源的核心动力，体现了"真理即创造"的历史认识论原则。"实践唯物主义"最早由马克思提出，他称自己的哲学是"实践的唯物主义"③。"传统的马克思主义哲学教科书体系把马克思的'实践唯物主义'归于近代理性主义哲学传统，而

①马克思. 资本论：第一卷［M］. 中共中央马克思恩格斯列宁斯大林著作编译局，译. 北京：人民出版社，1975：409－410.

②马克思. 资本论：第一卷［M］. 中共中央马克思恩格斯列宁斯大林著作编译局，译. 北京：人民出版社，1975：415.

③中共中央马克思恩格斯列宁斯大林著作编译局. 马克思恩格斯选集：第一卷［M］. 北京：人民出版社，1995：75.

马克思与维科哲学的关系则揭示出：马克思的‘实践唯物主义’属于现代人文主义哲学传统，具体地说，是一种文化哲学的传统”[①]。

第二，马克思对维科文化哲学的超越。

因此，维科的“诗性的智慧”与马克思的“实践唯物主义”具有一定的相似性，当然也有差异性：维科的文化哲学体系以人的创造性活动及历史主义为最重要的两个因素，它特别强调的是人的文化的创造性活动，历史主义则是对人的文化的创造性活动进行叙述。由于他开创了以历史主义叙述人的文化创造性活动的先例，被称为“历史哲学之父”。同时，“维科更应该被称为‘文化哲学之父’，因为文化哲学的本质就是要揭示人的文化创造性，而这一本质首先是由维科提出来的”[②]。马克思运用历史主义原则叙述人的创造性活动，一方面是对维科哲学的继承，另一方面也对其进行了创造性的发展——把对历史主义叙述的内容变为对资本主义社会工业文明及生产方式的批判。“人的感性的创造性活动”在马克思看来就是人的实践，人的实践在符合人类历史发展规律的前提下，经过工艺学史、工业史等物质生产活动的中介，现实地变革自然与社会关系，这种将历史规律性与主体能动性统一起来的唯物主义，即“实践的唯物主义”。由此，我们可以看到马克思“实践唯物主义”与维科“诗性的智慧”在哲学上的一致性和在本质上的差别。马克思与维科在历史主义叙述的内容和形式上存在差别。在叙述内容的选择上，维科以原始民族的心灵活动为主，马克思以现代资本主义条件下人的活动为主；在叙述内容的形式上，维科以遵循心灵活动的非逻辑、非理性的心理主义的叙述原则为主，马克思以理性、逻辑思维为特点的理性主义的叙述原则为主。

马克思以理性主义的方式叙述人的创造性活动，其内容主要体现在《关于费尔巴哈的提纲》一文的第一、三、八条。马克思在《关于费尔巴哈的提纲》一文的第一条中规定了人的创造性活动是哲学的本体论，也就是将实践作为哲学本体。马克思认为人的创造性活动和实践具有同等意义：一是马

①何萍．马克思主义哲学与文化哲学[M]．武汉：武汉大学出版社，2002：35.

②何萍．马克思主义哲学与文化哲学[M]．武汉：武汉大学出版社，2002：38.

克思曾经指出要把“感性的人的活动，当作实践去理解”①，二是实践和人的创造性活动的本质都是“对象性的活动”，是对现实的物质进行改造的活动，而不是感性的想象活动。我们从《关于费尔巴哈的提纲》一文的第一条内容中可以看到马克思对维科哲学思想的超越以及对近代理性主义哲学的进一步革新，这些都具有十分重要的意义。马克思在《关于费尔巴哈的提纲》一文的第三条中规定了人的创造性活动的方式，即以实践的方式对外在环境和内在自我同时进行改变。它不仅体现了人对外界客观世界开放的外在性，更体现了人在自我改变过程中自我生成和发展的内在性。正如马克思所指出的：“环境的改变和人的活动或自我改变的一致，只能被看作并被合理地理解为革命的实践。”②所以，外在性和内在性既是实践以及人的创造性活动的基本特点，也是马克思用以考察人类历史的基本出发点。马克思在《关于费尔巴哈的提纲》一文的第八条中规定了人的创造性活动的基础是实践，他说：“全部社会生活在本质上是实践的。”③前文已述，马克思历史唯物主义叙述内容主要是通过批判工业文明和与之相关的资本主义生产方式来考察人与自然的关系、人与社会的关系以及人与人之间的政治、文化关系。因此，“全部社会生活”就具有十分广泛的含义，它指的是有关人的社会生活的全部外在结构和内在结构，“包括人的衣食住行的生活方式、以工业和商业为主体的生产方式、人自身的生产以及由人的生活方式和生产方式所决定的意识形态的创造活动”④。由此也说明，马克思主义的文化哲学传统始终来源于马克思的“实践的唯物主义”。

马克思从哲学性质上继承了维科“诗性的智慧”中的文化主题，并超越了它，将它改造为对现代资本主义工业文明及生产方式的批判，是具有文化

①中共中央马克思恩格斯列宁斯大林著作编译局.马克思恩格斯选集：第一卷［M］.北京：人民出版社，1995：54.

②中共中央马克思恩格斯列宁斯大林著作编译局.马克思恩格斯选集：第一卷［M］.北京：人民出版社，1995：55.

③中共中央马克思恩格斯列宁斯大林著作编译局.马克思恩格斯选集：第一卷［M］.北京：人民出版社，1995：56.

④何萍.马克思主义哲学与文化哲学［M］.武汉：武汉大学出版社，2002：40.

哲学传统的;马克思将人的创造性活动由维科曾经考察的民政世界扩展到"全部社会生活",为文化哲学今后的发展提供了更广阔的空间,此后的马克思主义者,或者从资本主义意识形态进行文化批判,或者从资本主义社会人的生活方式进行文化批判,总之,为细化研究和解决由资本主义工业文化及其生产方式所带来的人与自然、人与社会、人与人之间的各种矛盾提供了广阔视野和多种路径。

第三,马克思文化哲学的主要内容。

马克思批判地继承了维科历史哲学中"人创造历史"的能动性思想,并将其置于唯物史观的科学基础上。尽管此时马克思尚未形成独立的文化哲学体系,但其著作如《德意志意识形态》《资本论》等都深刻揭示了文化、意识形态与物质生产方式的辩证关系,为文化分析提供了历史唯物主义的理论框架。马克思在对自我意识、人的本质、人类历史进步方式的批判中建立了"实践唯物主义",这对解构近代理性主义哲学世界观、建立文化哲学世界观具有重要的影响。与三大批判理论相对应的著作——《德谟克利特的自然哲学和伊壁鸠鲁的自然哲学的差别》(博士论文)、《1844 年经济学哲学手稿》、《人类民族学笔记》,除与以往马克思主义哲学的研究中偏重以政治经济学批判的解读和分析为主一样之外,实际上这三部著作同样还具有文化哲学的世界观及思想。

马克思的博士论文注重马克思文化哲学意识结构理论的表达。

马克思的博士论文是马克思早期哲学思想的重要著作,它从比较德谟克利特与伊壁鸠鲁的自然哲学中看到了人的自我意识,并对人的自我意识的研究对象、问题以及内在结构进行确定和揭示,说明了马克思的哲学思想在形成之始就具有文化哲学的内容。尽管此前我国学术界把马克思的博士论文看作一部黑格尔式的唯心主义著作,马克思的不成熟的著作,但是博士论文的内容既涉及自然哲学又涉及人类的文化哲学这一现实表明,我们并不能简单称它是唯心主义的不成熟的著作和不能代表马克思成熟思想的著作。马克思贯穿一生的哲学思想实际上不存在阶段性的断裂,它更是具有相互关联的、不断深入发展的思想体系,所以,我们应该重新深入这部哲学著作的内部，以更为现代和开阔的眼光去发掘并发展它所具有的哲学变革意义的内容。

马克思在其博士论文中关于自我意识的内容主要有两个方面，其体现了文化哲学内涵。

一是明确自我意识的研究对象。马克思通过比较德谟克利特和伊壁鸠鲁自然哲学的差别，重新对偶然性问题进行回答，实际上是对西方哲学传统的批判性解构。因为，在此之前的哲学传统普遍从认识论层面上认为偶然性是感性的认识世界，是必然性的表现形式；马克思则从本体论层面上解答偶然性是感性的生活世界，是人的自由的存在方式，明确了他的哲学所要研究的对象是存在论意义上的偶然性，也就是感性的生活世界。德谟克利特与伊壁鸠鲁对偶然性的看法截然不同，原因在于他们分别坚持的是两种不同的世界观，德谟克利特认为必然性所代表的外部世界才是真实的存在，偶然性在现实中不具有存在意义；伊壁鸠鲁则认为偶然性所代表的感性的生活世界才是真实的存在，必然性只具有认识论的意义。对于二者观点上的差异，马克思对伊壁鸠鲁表示赞同和肯定，但是对伊壁鸠鲁哲学中的悲观情结，他却做了创造性的改变，他“赋予感性生活世界以能动的创造性，把感性的生活世界看作人的自由的展现”①，并且根据伊壁鸠鲁对哲学和实证科学所采取的不同态度，又进一步揭示了哲学与自由的关系。他认为科学使人束缚于知识经验中且不会给人带来自由，而哲学才会给人带来真正的自由，追求自由的过程是生命实践的最高层次表现。那么，感性的生活世界的存在方式又是怎样的呢？为了明确这一问题的答案，马克思将可能性分为抽象的可能性和实在的可能性，他认为：“偶然是一种只具有可能性价值的现实性，而抽象的可能性则正是实在的可能性的反面……实在的可能性力求证明它的客体的必然性和现实性；而抽象的可能性感兴趣的不是被说明的客体，而是做出说明的主体。它只要求这对象是可能的，是

①何萍．马克思主义哲学与文化哲学[M]．武汉：武汉大学出版社，2002：57．

可以想象的。”[①]由此可知，抽象的可能性才是人在感性的生活世界中获得自由的存在方式，它是哲学的和想象的可能性，也是人的自由的根据。进一步来说，感性的生活世界与人的自由的内在关系就是：人的自由是感性世界的本质，并且人的自由只能在感性世界中获得。马克思在明确自我意识的研究对象时，也明确了偶然性、抽象的可能性、自由、感性世界属于自我意识的范畴。这体现了他的文化哲学内涵。

二是明确自我意识的内在结构。鲍威尔的自我意识学说突破了黑格尔的绝对精神，但是鲍威尔的自我意识学说存在一个致命弱点：自我意识是脱离物质世界的绝对的、恒定的、至高无上的，所以它不具有内在结构。马克思在其博士论文中选择以自我意识作为主题，主要目的就在于解决鲍威尔自我意识学说的这个漏洞。马克思突破鲍威尔关于自我意识的界定，将自我意识对宗教和现存世界的批判延伸至自我意识本身，认为自我意识并不只是外在的绝对、恒定的最高原则，而是具有内在矛盾和否定关系结构的存在。马克思讲道：“世界的哲学化同时也就是哲学的世界化。”[②]这句话是指从精神的自由到成为实践的力量要经过双重的否定才能实现：对外部现实的否定和对自身内在规定性的否定。“从这种关系中可以得出一个结论：这些个别的自我意识始终具有一个双刃的要求：其中一面针对着世界，另一面针对着哲学本身”[③]。也就是说，马克思认为自我意识是由内在的本质意识和外在的意识形态所构成的，它们是一对客观的、不可消除的内在矛盾。自我意识的这对内在矛盾同时也是哲学上的形式和质料之间的矛盾。因此，从本质上来说，自我意识的这对内在矛盾就具有否定的关系，并且二者是在否定和批判中成为它们所反对的东西，从而不断克服自身缺陷实现自身价值。

---

①马克思，恩格斯．马克思恩格斯全集：第四十卷［M］．中共中央马克思恩格斯列宁斯大林著作编译局，译．北京：人民出版社，1982：206．

②马克思，恩格斯．马克思恩格斯全集：第四十卷［M］．中共中央马克思恩格斯列宁斯大林著作编译局，译．北京：人民出版社，1982：258．

③马克思，恩格斯．马克思恩格斯全集：第四十卷［M］．中共中央马克思恩格斯列宁斯大林著作编译局，译．北京：人民出版社，1982：258．

马克思认为自我意识是有缺陷的和不完美的，他要通过双重否定后才能实现自身的完美，这也就是马克思为什么要通过研究自我意识的结构来回答人的自由问题的原因，因为在马克思看来，自我意识的结构中蕴含着人的自由的存在论内涵。伊壁鸠鲁提出的偏斜运动表明，直线就是实现自由的物质形式，偏斜是自由的本身，即抽象的个体性；偏斜运动对直线运动的排斥所具有的内涵就是：个体的自由是通过脱离和否定局限性的“定在”而实现的。马克思将“排斥”理解为否定，认为它是“自我意识的最初形式”①，即否定是实现自由的第一步。否定意味着人与自身自然的分离，分离后产生的自我意识内在相互对立的矛盾就成为人获得自由的第二步。马克思说：“要使作为人的人成为他自己的唯一真实的客体，他就必须在他自身中打破他的相对的定在，欲望的力量和纯粹的自然的力量。”②在其博士论文中，马克思一直强调，自由指的是个体性的存在，是个体面对已经存在的内部矛盾时通过改造“定在”、质料等内容成为他自身的现象形式后，才具有的个体的“概念”，实现个体自身价值才是真正实现了自由。这是获得自由的最后一步。那么，与自我意识的结构相对应的人的自由的存在形式又是怎样的呢？马克思认为是时间。伊壁鸠鲁认为，对感性世界的偶然性来说，时间具有比空间更为重要的概念，它体现了“偶性之偶性”，是具体自然界的主动形式。马克思赞同伊壁鸠鲁对时间的理解，但是他又做了理解上的超越，他认为自由的存在形式是“感性的自我意识”，它需要通过感性自然的方式存在，并以感性自然的方式来表现自己，所以，感性自然是显现人的自由的媒介，并不是真正的人的自由的形式，真正的人的自由的形式必须经过对感性自然的超越才能实现。

马克思认为，古希腊哲学都在极力论证物质世界的存在的本意是想论证世界是具有神的存在的，是神在主宰人类的一切而不是人本身。这种意识结构中不存在形式和质料二分的矛盾，因为它只承认永恒的普遍性。伊

①马克思，恩格斯．马克思恩格斯全集：第四十卷［M］．中共中央马克思恩格斯列宁斯大林著作编译局，译．北京：人民出版社，1982：216．

②马克思，恩格斯．马克思恩格斯全集：第四十卷［M］．中共中央马克思恩格斯列宁斯大林著作编译局，译．北京：人民出版社，1982：216．

壁鸠鲁以人的自我意识中的形式和质料的矛盾消解了物质世界的绝对性，以偶然性的论证实现人的自由的形而上学的意义。马克思认为，人的自由的形而上学是具有绝对性的，他赞同伊壁鸠鲁不去消解自我意识的内在矛盾的做法。自我意识的内在矛盾关系实现了人的自由，摧毁了一切神的存在，把所有的物质和精神都看作人性的表达。人的感性世界的本质并不是物质，是自由，而自由也由此被赋予了形而上学的绝对性，这对根除哲学中的上帝观，构建人的自由的哲学具有重要的影响。马克思的博士论文对自我意识结构研究对象的明确，对自我意识内在结构的分析，对人的自由和感性世界的重新理解都是为建立文化的形而上学所做的重要贡献。尽管马克思在这部著作中以研究自我意识为主，但是却提出了文化哲学的基本原则，确定了马克思哲学的今后走向。我们只有客观地、彻底地理解马克思在其博士论文中的哲学思想，才能更准确地把握他所建立的"实践唯物主义"的基本概念和原理。

《1844 年经济学哲学手稿》注重马克思文化哲学历史主义原则的表达。

《1844 年经济学哲学手稿》一书的研究领域超越了马克思的博士论文的自我意识研究领域，以更为广阔的视角研究人类历史活动，以对市民社会的批判为目的，从研究资本主义社会工业活动入手来探讨关于人性的发展及人的自由的实现问题，"提出了文化哲学的历史主义原则，发展了博士论文中的文化哲学思想"①。马克思文化哲学的历史主义原则内容在《1844 年经济学哲学手稿》一书中主要出现在有关实践、异化劳动及人的生命活动的论述中。

要探讨关于人性的发展和人的自由的实现问题，首先要对人的本质进行规定。马克思指出，"自由的有意识的活动是人的类特性"②，这也是马克思对实践的定义。所谓的类特性，是指"一个种的整体特性、种的特性"③。

①何萍. 马克思主义哲学与文化哲学[M]. 武汉：武汉大学出版社，2002：66.

②马克思. 1844 年经济学哲学手稿[M]. 中共中央马克思恩格斯列宁斯大林著作编译局，译. 北京：人民出版社，2000：57.

③马克思. 1844 年经济学哲学手稿[M]. 中共中央马克思恩格斯列宁斯大林著作编译局，译. 北京：人民出版社，2000：57.

从马克思对人的本质意义的认识可以看出，他对工业活动下人性和人的自由问题的探讨是基于人的文化本性进行的，人的文化本性就是人性本质的体现，由此引发的他对人的自由的实现问题的思考也是在人的文化本性上进行的。人的文化本性是人的类特性，是人的整体性质，同时也是人的生命本质，那么，人的类特性具体来说又有哪些特性呢？主要有两点：一是“自由的有意识的活动”。这个特性中包含了两层含义，即自我意识的活动和生命本身的活动。两层含义表现了人在精神上的二重化，而所谓的“二重化”就是人的分离和抽象的能力，也就是人创造文化的前提条件。卡西尔在《人论》一书中将人的分离和抽象的能力称为人的文化本性，因此，二重化也就是人的一种文化创造能力，并且这种能力是来自人生理上的本能。卡西尔说：“人不能再依赖于具体的感觉材料，即视觉的、听觉的、触觉的及动觉的材料，而要考虑这些关系‘本身’——如柏拉图所说，就其本身来考虑它。”① 所谓的“关系本身”意指符号，人创造的文化符号是区别于动物的本质特性，或者说人的文化创造能力就是人的一种天赋。二是人证明自己是“自由的有意识的类存在物”的方式是实践。人“通过实践创造对象世界，改造无机界”②，这是人的一种对象化的活动。马克思指出：“劳动的对象是人的类生活的对象化：人不仅像在意识中那样在精神上使自己二重化，而且能动地、现实地使自己二重化，从而在他所创造的世界中直观自身。”③人在自我意识中具有的分离和抽象的能力被运用到现实中，使人自身自然的存在和人超自身自然的存在相分离，不仅是人和动物的根本区别，还是人全面地构建社会关系，进行社会生产，交换劳动产品的根本能力，所以，由这种能力所进行的人的自由的活动，从本质上看就是人的文化活动。马克思说明人的类特性具有自我意识和现实创造活动两个方面的特性，并说明人的分离和抽象的能力是人的生命本质，具有内在和外在的能动性。

---

①卡西尔.人论[M].甘阳，译.上海：上海译文出版社，1985：49.

②马克思.1844年经济学哲学手稿[M].中共中央马克思恩格斯列宁斯大林著作编译局，译.北京：人民出版社，2000：57.

③马克思.1844年经济学哲学手稿[M].中共中央马克思恩格斯列宁斯大林著作编译局，译.北京：人民出版社，2000：58.

其次，马克思揭示了人的文化创造活动所具有的实践性和历史性特征。马克思指出：“异化借以实现的手段本身就是实践的。”①异化劳动与马克思所说的人所具有的分离和抽象的能力指的是一个意思，只是彼此运用的范畴不同：人的分离和抽象的能力主要从静态角度说明人的生命活动，异化劳动则是从动态角度说明人的生命活动。人的分离和抽象的能力（或异化劳动）造成了劳动的分工，而劳动的分工又具有历史性特征，所以，异化劳动是人的生命活动当中的一个环节，它同样具有历史性和实践性特征，它不是抽象的、恒定的，而是具体的、现实的，是可以通过实践进行超越的。

马克思认为，异化劳动是一种生产，它生产出了人与外部世界和自身内在的异己关系，即人和人的类本质相异化、人和人相异化、人和人的劳动相异化、人和劳动产品相异化。这四种异化关系分别表现了人与自身的内在发展和外在实现的关系，这与马克思在其博士论文中关于自我意识思想的表述，具有一致性。马克思在其博士论文中论证了人的自由是通过人的个体性与人自身自然的分离而实现的。我们在《1844年经济学哲学手稿》中仍可以看到这个观点的延续，只是马克思将视野放至更广阔的领域，论证了人与其他人的分离关系。人和人的类本质相异化、人和人相异化是人的内在发展的形式；人和人的劳动及劳动产品相异化是人的外部实现的形式。人在自我意识中进行二重化后，在自然界和自身的现实中完成进一步的分离，这就是马克思研究的四种异化的递进关系。有学者认为，马克思在考察国民经济的事实时提出关于异化劳动的理论，他认为异化的外在实现导致了异化的内在发展。同样，如果从人对自我实现的内在要求和欲望出发就会得出相反的结论：异化的内在发展导致异化外在实现。内在发展具有必然性，外在实现是外化的手段和外在的表现，“这才是马克思的异化劳动理论所表述的最深刻的哲学思想”②。

由此，我们可以从马克思异化劳动理论最深刻的哲学思想中总结出有

①马克思.1844年经济学哲学手稿[M].中共中央马克思恩格斯列宁斯大林著作编译局，译.北京：人民出版社，2000：60.

②何萍.马克思主义哲学与文化哲学[M].武汉：武汉大学出版社，2002：70.

关文化哲学的两个重要思想：一是异化劳动是人的一种文化创造方式。人通过本质具有的分离和抽象的能力不断促使个体内在和外在共同发展，实现人的自我创造和文化的创造，因此，“异化劳动也是人的文化创造的明证”①。二是社会关系是文化创造的基础。这一思想维科也曾提出过，但是他所指的社会关系是民政世界中的民政制度，马克思所认为的社会关系含义却十分广泛。它首先是人与自然界发生关系时所凭借的中介，没有这个中介，作为孤立个体的人就无法直面自然界；其次是具体到人与人、人与生产活动、人与劳动产品、人与社会属性、人与类本质之间等相互交错的关系中，这些关系的联结就会建构复杂的社会系统。马克思认为，异化劳动创造了社会关系，“通过异化劳动，人不仅生产出他对作为异己的、敌对的力量的生产对象和生产行为的关系，而且还生产出他人对他的生产和他的产品的关系，以及他对这些他人的关系”②。异化劳动创造的社会关系使人与自身和外部自然界发生分离，之后社会关系又作为中介在人与自然界发生联系时产生巨大的作用。社会关系是由人的实践创造出来的后天产物，它是异化借以实现的手段，所以具有历史性，因此也可以说，异化劳动作为人的文化创造活动具有历史性，而这也正符合文化哲学的历史主义原则。

最后，“历史是人的真正的自然史”③。马克思在《1844年经济学哲学手稿》一书中揭示：“正像一切自然物必须形成一样，人也有自己的形成过程即历史，但历史对人来说是被认识到的历史，因而它作为形成过程是一种有意识地扬弃自身的形成过程。历史是人的真正的自然史。”④也就是说，人的历史是由人亲自创造出来的，而由人创造出来的历史才是属于人本身的自

①何萍.马克思主义哲学与文化哲学[M].武汉：武汉大学出版社，2002：70.

②马克思.1844年经济学哲学手稿[M].中共中央马克思恩格斯列宁斯大林著作编译局，译.北京：人民出版社，2000：60－61.

③马克思.1844年经济学哲学手稿[M].中共中央马克思恩格斯列宁斯大林著作编译局，译.北京：人民出版社，2000：107.

④马克思.1844年经济学哲学手稿[M].中共中央马克思恩格斯列宁斯大林著作编译局，译.北京：人民出版社，2000：107.

然史，外界自然的历史并不属于人的历史。对人创造的自己的历史，如果从宏观角度看，是一个经由异化劳动的作用而从自然的人向社会的人过渡的过程，社会的人与自然的人最重要的区别在于社会关系。在资本主义社会中，异化劳动将人的自身自然与外部自然界进行对立，目的在于使社会关系与个体之间也具有矛盾对立的关系，于是，它通过否定人的个性，代之以社会的普遍形式对人的个体价值进行否定和抑制，从而达到阶级统治的最终目的；但共产主义肯定个体是社会发展的基础和社会的特殊存在，它对私有制进行的积极扬弃是对人的个性的解放，是人的特殊性与社会性的积极的统一，也就是马克思所说的"社会存在物"①。自由的个体的存在成为此后马克思提出"共产主义是自由人的联合体"的思想基础，也成为实现共产主义的基础。对人创造的自己的历史，如果从微观角度看，就不能忽略人类文化的不同形式对自由个体由自然的人到社会的人的形成过程中所具有的决定性作用。在诸种人类文化形式中，马克思首先强调的是工业和自然科学的重要性。马克思认为，这两种文化形式通过人对外部自然界的能动作用转而对人的生活进行改造。这种改造过程是人类未来实现解放的必要过程。马克思批评此前的哲学家没有看到工业和自然科学创造现代社会人的本质力量及其重要作用，而只将宗教、政治等作为理解人的本质的重要文化形式，这不是人类进行科学研究的真正做法。

马克思强调政治在哲学思想上的重要作用，他认为政治的文化批判作用与工业和自然科学对人的本质创造和实现作用同等重要。后期的葛兰西、法兰克福学派等西方马克思主义哲学家继承了马克思关于政治的文化批判思想，"建立起当代资本主义文化批判理论"②，他们都遵循了以历史分析人的形成的原则，并以此建立了马克思主义文化哲学的理论。

《民族学笔记》——马克思对文化发展规律思想的表达。

马克思在晚年转向对民族学进行研究，是由于其受世界历史发展的影

①马克思．1844年经济学哲学手稿[M]．中共中央马克思恩格斯列宁斯大林著作编译局，译．北京：人民出版社，2000：84.

②何萍．马克思主义哲学与文化哲学[M]．武汉：武汉大学出版社，2002：73.

响而做出的决定。19 世纪下半叶，西方殖民扩张将东方社会强行纳入全球体系，强化了以西方为中心的政治经济秩序，但客观上推动了历史研究视野从欧洲向世界扩展。在此过程中，民族学因殖民统治和种族研究的需要而兴起，其早期理论常服务于西方霸权，反映了该时代不平等的全球权力结构。顾名思义，民族学是以研究民族文化为主的科学，它的产生极大地冲击了“西方中心论”的历史观。西方哲学家对世界历史发展的规律性问题的思考范围也由西方扩展到了世界。马克思也应时代发展的需要对东方社会理论和文化发展规律进行深入研究，为世界历史的现代化研究做出了贡献，为世界文化多元化发展的研究奠定了坚实的理论基础。

马克思如何定义现代化以及怎样研究现代化，成为我们理解马克思东方社会理论的重要前提。马克思对现代化的定义强调了文化进步在世界历史发展中的重要性，这就与西方非马克思主义者对现代化的理解完全不同，西方非马克思主义者强调以工业化作为区分传统与现代、工业时代与后工业时代的最主要特征，他们没有像马克思一样以世界历史的视野对现代化进行定义，而是以西方理性进步作为衡量现代化的标准，这是对现代化所做的狭隘的理解。因为，资本主义从早期到晚期都是以扩张和侵略为手段对世界其他地区和民族进行剥削和殖民，从而获得不断发展。它的现代化发展不可能只是以理性进步作为衡量标准，若如此判断，那么这种盲目自大的方式实际上是对世界历史中各个民族文化发展的轻视。资本主义内在的复杂发展逻辑，深刻揭示了其作为必然消亡的社会形态的本质矛盾。这种矛盾体系呈现为三种辩证关系：其一，资本主义与封建残余的历史性矛盾；其二，生产社会化与生产资料私有制的结构性矛盾；其三，通过殖民扩张强加的西方文化霸权与被侵略民族文化主体性之间的文明冲突。这些矛盾的叠加效应，构成了当代世界格局复杂的深层动因。不过，不论从理性进步的角度来看，还是从资本主义化的历史进程角度来看，东方社会现代化发展要注重两个方面：既要发展民族文化的现代化，又不能忽略西方文化的现代化，二者必须在碰撞中实现交融。但是，由此产生的“西方中心论”或现代多元化，它们之间一直是以相互冲突和对立的方式展开论争的，没有形成一个统一的看法。如果仅从各自利益角度来看，两个观点都有合理性，但是跳出狭隘的区域文化以世界历史发展的眼光来看现代化，民族文化的多元化发展更具合理性且更符合世界历史的发展趋势。正如马克思所分析的那样，现代化包含了两个层面的问题：一个是社会形态的更替问题，一个是民族文化的发展问题。社会形态由封建社会到资本主义社会再到社会主义社会的发展，是具有客观历史必然性的。不同民族可以根据本民族文化发展的特色来选择不同的现代化发展道路和方式。虽然东方社会较西方社会略晚一些发展现代化，但是它可以借鉴西方社会发展现代化的经验进行取长补短，以多元化视角发展本民族文化，走出一条不被西方社会钳制的特色发展之路。马克思对现代化的独特理解让文化在现代化发展中具有重要的作用和影响力。

马克思针对东方社会现代化问题进行考察，揭示出现代化文化规律的具体内容，即文化发展和文化选择。所谓文化发展，是指不同民族文化传统碰撞、交融引起的历史进步。由于东方社会的现代化受到西方资本主义文化的冲击，因此，西方资本主义文化的积极方面和消极方面都会同时传入东方社会。倘若不对自身的民族文化充满自信，抵抗不住西方资本主义文化的冲击，那么就会被西方社会所利用和控制。马克思在考察印度、阿尔及利亚等亚非地区社会形态更替时就发现，西欧殖民者通过资本主义的方式对东方传统公社制度进行改造，结果是弊大于利，如印度在生产落后的情况下却形成上层社会腐化奢靡的消费风气，这是对社会劳动及劳动产品的极大浪费。不合理的社会生产、消费结构使印度社会一直得不到快速发展。它不得不在本国社会矛盾爆发时依赖英国强行进入的武力进行干预，事实上，这样的做法会不断加深两种社会形态的矛盾，更会不断加剧社会内部阶级矛盾的冲突，并且让民族特有的文化得不到合理的发展。这是不应该被效仿的。而在考察俄国社会形态的更替时，马克思发现它对西方的学习是有选择性的。俄国由农业社会过渡到以资本主义生产方式发展商业资本和工业资本的社会，这使俄国文化在保证民族文化特色的同时具有了新的活力，整个社会和文化都得到了发展。两种发展形态表明，资本主义社会形态是受历史发展的必然性所支配的，在没有办法越出这一发展环节的时候，各国就要对资本主义文化进行慎重选择并进行积极改造，决不能全盘接受任由消极因素给社会带来负面影响的情况。

马克思研究东方社会现代化的重要意图是对世界历史发展规律进行科学的理论分析。所以，两个方面都需要被重点分析思考：东方社会如何选择、吸收西方资本主义文化；如何解决西方资本主义的社会矛盾。矛盾的解决在于东方社会究竟该以何种方式接受西方资本主义的积极成果去实现自身现代化的发展。马克思在《共产党宣言》中提出："假如俄国革命将成为西方无产阶级革命的信号而双方互相补充的话，那么现今的俄国土地公有制便能成为共产主义发展的起点。"①马克思认为，无论是西方社会还是东方社会，都要以社会主义的方式实现自身的现代化。在对待俄国社会形态更替的问题上，他更坚持这个观点。社会主义作为优于资本主义的社会形态，既是人类历史发展的必然，也是人类文化创造的进一步发展，所以，"马克思所说的以无产阶级革命解决资本主义问题，以社会主义实现现代化，本质上是一种文化选择活动"②。

马克思对民族学研究进行反思时，不再以《1844 年经济学哲学手稿》中否定批判的方式阐述人类文化的进步观，而是用肯定的方式阐述人类文化的进步观。我们可以看到马克思对历史必然性中人的活动规律的探索经历了否定之否定的过程，所以，不存在马克思前期哲学思想与后期民族学研究思想断裂的问题，它们是同一个思想体系中的不同形态。西方非马克思主义者以理性进步作为衡量现代化的标准，实际上是反人类进步性及反文化的做法，人类的进步性体现在方方面面，不可能在一个时期只集中发展某一个方面。倘若真如此行事，势必会遭到反噬。当代西方社会面临的生态、军事、阶级矛盾等无法解决的现状说明了反噬带来的毁灭性会让人类无所适从。马克思通过分析资本主义的本质特征和历史发展状况来揭示其现代化

①中共中央马克思恩格斯列宁斯大林著作编译局．马克思恩格斯选集：第一卷［M］．北京：人民出版社，1995：251．

②何萍．马克思主义哲学与文化哲学[M]．武汉：武汉大学出版社，2002：78．

的本质特征及结构，并判断无产阶级革命将成为反对资产阶级、推动现代化发展的必然动力。这个判断具有宏大的历史视野。因此，尊重马克思探索出的具有文化哲学内涵的"人的活动"和"历史必然性"两大核心规律，在总体把握人类社会进步趋势等方面就更具有科学性及合理性。

对西方社会理性进步取得的巨大成就，马克思并没有予以否定。他在阐述有关"人的活动"的规律方面的内容时认为，要充分考虑两点：一是理性创造活动，二是价值创造活动。二者具有物质与精神的辩证关系。理性创造活动是人类历史发展的物质基础，更是人类获取现实解放的基础。没有理性创造活动，人类就无法衡量任何有关外化历史运动的可能。但是，理性创造活动只能带来认识上的自由，人的感性的、生存的自由要依靠价值创造活动去实现。没有价值创造活动，人的生命就没有价值意识，对自由和解放的方向究竟在哪就无从辨别。19 世纪下半叶，由西方中心论转向世界多元化发展论，东方社会做出的文化选择就是走向现代化发展的第一步。经过不断尝试、吸收、否定、接受的发展过程，东方民族最终以生存意义为宗旨对西方社会理性进步观进行历史的、辩证的接受，走出了适合本民族文化发展的特色的道路，这就是对"人的活动"的充分尊重的表现，而不是被理性认知主导的表现。

"历史必然性"指的就是历史的规律性，从马克思对民族学研究的反思来看，他更注重的是文化在东西方民族对话过程中的作用。西方文明走向世界多元化，政治经济发展带来世界范围的侵略战争，这对世界人民无疑是一场灾难。各民族在保证已取得的成果时，彼此推动和平发展才是 20 世纪世界历史的主题。所以，文化就担负着这一重要责任。马克思认为，文化的这种必然性具有内部必然性和外在必然性两种：内部必然性指的是推动国家社会内部发展的生产关系及其矛盾运动；外部必然性指的是国家之间发生冲突时形成的外在压力。外在必然性在 19 世纪末 20 世纪初的世界历史舞台上发挥着重要作用，它打破以往的世界格局，促使各个国家进行内部关系和结构的调整，在给东方社会带来发展动力的同时，也对西方社会单向度的现代性发展予以否定，东西方社会都在历史的必然性面前纷纷进行各自发展形态的改变。需要强调的是,历史的必然性并不与人的活动相对立,它是以人的活动为前提,体现人类创造活动的必然性,也是文化发展的必然性,而“不是外在于人的活动的物质生产方式的必然性”①。

我们从马克思的博士论文、《1844 年经济学哲学手稿》到晚年他对民族学的研究可见,马克思哲学思想有十分丰富的内涵。如其博士论文在自我意识层面上对自我创造活动的本体论建构,《1844 年经济学哲学手稿》在市民社会批判层面上对实践的历史主义原则的规定,晚年民族学研究在揭示历史规律层面上对人与历史关系的文化哲学历史理论的建立等,它们不仅具有政治经济学批判、社会学、人类学的丰富内容,而且在继承了维科文化哲学传统后不断进行了超越,从而在哲学创造的各个层面都体现了文化哲学的内涵。

(三)马克思主义文化哲学的发展

下文对马克思主义文化哲学发展时期重要代表人物和学派进行介绍。

1. 安东尼奥·拉布里奥拉

安东尼奥·拉布里奥拉在中学时期阅读维科的历史哲学后深受启发,在青年时期阅读有关马克思“实践唯物主义”哲学的相关论著后尝试将二者的思想进行融合,并成为“第一个明确地把马克思主义的历史唯物主义学说定义为‘实践哲学’”②的 19 世纪杰出的意大利马克思主义哲学家,他开启了意大利马克思主义哲学研究的先河。

拉布里奥拉对维科思想的继承,体现在他对维科关于人的本质的定义、人性本体论、人为世界的形成、历史规律具有必然性的深刻认同,他说:“维科不是已经承认天意并不从外部对历史起作用吗?不正是这个维科在摩尔根以前一百年就把历史归结为人类本身通过经验的逐步积累,即通过语言、宗教、习俗和法律的形成而构成的一种发展吗?”③这段论述能让我们不仅

①何萍.马克思主义哲学与文化哲学[M].武汉:武汉大学出版社,2002:80.

②何萍.马克思主义哲学与文化哲学[M].武汉:武汉大学出版社,2002:42.

③拉布里奥拉.关于历史唯物主义[M].杨启潾,等译.北京:人民出版社,1984:42.

看出维科对拉布里奥拉思想上的启发，还看出马克思主义唯物史观对拉布里奥拉思想的深刻影响。拉布里奥拉把维科思想作为理解和发展马克思主义唯物史观的源头，并对此进行深入研究，使马克思主义唯物史观的思想在被客观继承的基础上继续随着时代发展彰显出鲜活的色彩。对马克思主义唯物史观思想的理解，拉布里奥拉是这么说的："人类创造了历史，同时他们也创造他们自己的条件，也就是通过自己的劳动创造一种人为的环境，他们逐渐发展自己的技能，并在这种新的环境中积累和改造自己的活动成果。"①可以看到，拉布里奥拉准确地把握了维科思想与马克思哲学思想之间的关系，即人类历史和人类社会是由人自己创造出来的；但不同的是，他更偏向于对马克思哲学思想的认同：他强调，人是通过自己的劳动创造出人为环境的，而不是通过抽象的心灵创造的。所以，拉布里奥拉在对马克思哲学进行深刻领悟后，提出马克思的唯物史观是"实践哲学"，并由此提出马克思主义有机历史观。

拉布里奥拉的马克思主义有机历史观具有三个方面的主要内容。

首先，人类由自身创造了具有文化本质的历史。拉布里奥拉与马克思一致认为，历史不是自然进化的产物，从自然的原因来分析说明人类历史是行不通的。拉布里奥拉对那种把人的生存环境作为"只是自然界的一部分和继续"的说法予以否定，指出这种强调人类社会是自然界一部分的观点是"一种过于一般和抽象的、因而归根结底没有任何明确意义的思想"②。这些拒绝把人作为历史本体进行研究的观点主要来自社会达尔文主义和自然主义历史观。拉布里奥拉将他们的观点和马克思历史唯物主义观进行比较后发现，他们并没有把握住历史的本质。他说："历史科学的首要任务是断定和研究人为的环境、它的起源和结构，它的变化和改造。"③历史本质上是人类实践活动的产物，其发展既遵循客观规律，又以人的劳动实践为根本动力。作为主客体辩证统一的进程，历史规律必须通过人的能动性活动才能

①拉布里奥拉. 关于历史唯物主义[M]. 杨启潾，等译. 北京：人民出版社，1984：42－43.

②拉布里奥拉. 关于历史唯物主义[M]. 杨启潾，等译. 北京：人民出版社，1984：67.

③拉布里奥拉. 关于历史唯物主义[M]. 杨启潾，等译. 北京：人民出版社，1984：66.

实现其具体形态。拉布里奥拉主张对人的起源、结构、变化及改造进行研究。从根本上说，他认为文化是人的创造性活动的本质，也是人的本质。拉布里奥拉通过对人的文化本质及人的创造性活动的文化本质的考察，划清了马克思主义唯物史观与达尔文主义、自然主义历史观的边界。

其次，人类历史是经验创造的条件的总和。拉布里奥拉借助马克思主义唯物史观对世界不同民族的历史进行考察，发现不同民族的历史既具有各自的分化过程又具有创造历史的同一性，他明确提出历史的发展具有民族性、多元性和规律性，这是对马克思主义唯物史观内涵的更进一步发展，并使马克思主义唯物史观具有更丰富的时代内涵和历史进步性。正是基于对世界不同民族之间多元性和统一性的考察，拉布里奥拉反对西方社会所认为的抽象理性规定历史发展的观点，他始终认为人类历史是由经验创造出来的一个过程，是经验的存在。他说："在历史进程中所发生的一切都是人干出来的……人类行为的整个过程是人们自己借助于在变化的社会生活中积累的经验创造的条件的总和，更确切地说是一系列的条件。"①历史既然是无数经验积累创造的条件的总和，当下的历史就一定有对传统的继承和对未来的影响，这就必然有对文明形式的继承和发展，因此，拉布里奥拉同样认为人类的历史也是人类的一部文明史，一部有着不同民族不断分化和融合从而形成不同传统积淀并共同走向开放的流动的过程。拉布里奥拉是 19 世纪第一个对历史发展做出如此定义的马克思主义哲学家，他在发展马克思主义唯物史观上的主要贡献也在于此，即发扬了马克思主义的文化哲学传统。

最后，社会是多种历史因素的总和。拉布里奥拉认为社会的多种历史因素的总和构成了社会生活的整体，概括来说主要有两个方面：社会生活组织和不同社会条件下的人。人的活动为人的生活创造条件，人在创造的条件下又再次进行人的活动。因此，人与人的活动就是历史过程的内容，人为环境下的关系就是社会最基本的结构。社会生活在社会基本结构中展开，

①拉布里奥拉．关于历史唯物主义［M］．杨启潾，等译．北京：人民出版社，1984：69.

形成多种历史因素，例如人的习惯、规则、土地、分工、阶级、生产方式、法和政治等。拉布里奥拉认为，人类生活的整体是以经济作为最重要的因素进行历史主义叙述展开的，经济决定上层建筑和意识形态，但经济的作用并不是单一的，它在进行历史叙述的过程中还会产生相应的习俗、愿望、欲望等，因此经济是一个系统或一个历史过程，它并不单独脱离历史而抽象存在。拉布里奥拉对经济的看法主要针对的是在当时历史研究领域中占主流地位的“经济决定论”及“因素论”。“经济决定论”认为，经济是可以说明历史的唯一因素，“只要举出对历史所作的经济解释就可以理解一切”。“因素论”就是把历史中决定社会发展的不同因素都孤立起来。这两种历史观都忽略了历史作为一个整体出现的事实，整体与部分的关系不只是各自对立，它们本身既相互独立又相互联系，经济是历史不同阶段及社会不同形态的基础。若孤立经济因素，根据“因素论”，看似是因为它的重要性不可替代，实际上割裂了它对社会其他一切内容必然的作用与影响，反而使经济具有局限性，忽略了它所具有的更大的能量。所以，历史地理解、看待经济及其对其他方面变化的影响才是真正研究人类历史的正确方法。拉布里奥拉对经济的不同认识，对人们从根本上改变对经济的看法具有重要的影响，他使人们认识到经济是由人的内在需要而产生的一种实践活动，并不是单纯的物质存在。人们因为经济的发展而建立相应的立法、政治制度、上层建筑等，这些本身也是在一个有机的社会整体中完成的，所以经济与社会其他因素之间都存在过程的联系、历史的联系。拉布里奥拉从人的活动本身的需要出发说明经济和社会其他活动形式的区别，这对从不同角度看待社会其他活动形式具有很好的示范作用。

拉布里奥拉反对用自然主义和社会达尔文主义的方法考察历史的观点，他强调历史的民族性和多元化，将历史看作一个过程，认为任何事件都是历史过程当中的一部分，不能将其进行分解。这是对历史进行马克思主义唯物史观考察时所采取的方法，他认为方法是记叙和解释历史的核心，也是历史唯物主义成熟的标志。简单来说，所谓历史唯物主义的方法就是拉布里奥拉所说的经验主义的综合法，也就是历史叙述的方法。这种方法有两个侧重点，一是考察分析历史事件或事物时注重它的形成及过程，了解清楚事物的性质、相互作用、过程等；二是以经济社会学进行历史叙述，这样可以“按照现象和事实的本来面目来说明它们的交错和综合”①。马克思主义哲学研究着重强调经济对历史进步发展及历史规律的作用。拉布里奥拉在尊重这一研究前提的基础上，以经济作为其研究的出发点，但更看重人在经济活动及过程中如何建构政治法律制度、意识形态以及各民族自己的文化传统，这是他超越同时代思想家的杰出之处。但因为他仅保持历史唯物主义的研究范围，没能进行更深层（如本体论）的研究，这也成为他的局限之处。

拉布里奥拉作为意大利的马克思主义哲学家，他的马克思主义哲学观具有鲜明的时代特色，他在继承维科文化哲学的传统后，“对马克思主义的唯物史观做了文化哲学的阐发，创造了意大利的马克思主义哲学传统”②，是马克思主义文化哲学领域杰出的奠基者之一。

2. 葛兰西

葛兰西与拉布里奥拉在继承维科文化哲学传统，以“实践哲学”作为发展马克思历史唯物主义及其文化哲学思想方面具有相似性，但是由于他们所处的历史时期不同，对资本主义批判的重心也有区别：拉布里奥拉处于早期资本主义发展时期，他继续以马克思主义哲学对资本主义生产方式进行批判的方法开展哲学研究工作，着重从人的经济活动及其过程中考察政治法律制度、意识形态以及各民族文化传统的建构问题，从唯物史观方面发展了马克思主义的文化哲学内涵。葛兰西开展哲学研究的时期是垄断资本主义时代，资本在发达工业社会已占据垄断地位——从生产领域扩展到社会生活、消费、意识形态等领域，具有明显的文化统治倾向。因此，葛兰西将马克思主义哲学研究的重心转至日常生活领域，对社会意识形态进行文化批判，他将“实践哲学”上升为具有一般哲学性质的马克思主义的世界观理论，

①拉布里奥拉．关于历史唯物主义[M]．杨启潾，等译．北京：人民出版社，1984：136.

②何萍．马克思主义哲学与文化哲学[M]．武汉：武汉大学出版社，2002：46.

使"实践哲学"具有哲学本体论的性质。因此葛兰西也被称为"意识形态哲学家",他开创了一种新的马克思主义文化哲学,既有对拉布里奥拉创立的马克思主义哲学传统的继承,也有对他的超越。

拉布里奥拉的哲学研究局限于历史唯物主义,葛兰西则赋予历史主义以形而上学的地位,他受到克罗齐历史主义形而上学的影响。克罗齐历史主义形而上学观点的形成受拉布里奥拉、维科、黑格尔等的影响,因此,他的历史主义形而上学内容是以实践、行动、人的精神和意识形态为主要内容,他认为历史主义形而上学是超越历史的精神世界,带有鲜明的黑格尔历史哲学的印记。葛兰西在接受克罗齐哲学后又对其中的思辨唯心主义内容做了批判性改造——用政治重新阐释历史主义形而上学,形成一种从新文化和新世界观的角度看待历史人物、事件及哲学问题的独创性哲学。之后,葛兰西又将"拉布里奥拉的历史主义方法上升为具有一般意义上的哲学问题"①,将维科"人的感性的创造性活动"再次进行"实践"的本体论说明,强调文艺复兴不仅看见了人,还是一种新文化形式的产生,他将以上内容进行融合,"重新阐发了马克思主义实践哲学的性质"②。他在《狱中札记》一书中写道:"实践哲学以所有这一切过去的文化为前提:文艺复兴和宗教改革、德国哲学和法国革命,加尔文教和英国古典经济学、世俗自由主义和植根于全部现代生活观念之中的历史主义。实践哲学就是这整个理智的和道德的改革运动的完成,即建立了大众文化与高级文化之间的辩证关系。"③葛兰西把文艺复兴以来的所有理智、道德等作为马克思主义哲学产生的前提,实践是推动这一前提的重要因素。他超越了拉布里奥拉局限于历史唯物主义的研究框架,不再以经济为切入点叙述社会发展的各个方面,而是从人的日常生活、道德等方面展开对意识形态的文化批判,从文化本体上阐发哲学思想,这样他就把拉布里奥拉建构的历史唯物主义研究趋势转向对哲学本体论的研究,从而重新确立了马克思主义实践哲学的主题,其研究内容也更接

①何萍.马克思主义哲学与文化哲学[M].武汉:武汉大学出版社,2002:48.
②何萍.马克思主义哲学与文化哲学[M].武汉:武汉大学出版社,2002:48.
③葛兰西.狱中札记[M].葆煦,译.北京:人民出版社,1983:395.

近维科文化哲学的传统。

葛兰西将“实践哲学”上升为具有一般哲学性质的马克思主义的世界观理论，使“实践哲学”具有哲学本体论的性质，首先对人的日常生活、道德、意识形态等进行文化批判。葛兰西认为，一种具有一般哲学性质的世界观既是与大众意识相联系的世界观，也是哲学家进行专业构造和运用智力活动产生的世界观。对于前者，葛兰西提出“人人都是哲学家”的观点，一方面是为了消除此前人们对哲学的偏见，另一方面则是重新规定一种世界观。与大众意识相联系的世界观以不自觉、非批判、无条理的方式存在于人们的日常行为中，经过不同时代、文化、组织等不断积淀从而形成一种历史的世界观。对于后者，是一种有意识的、系统的、一贯性的、批判的世界观，它需要将大众意识与常识中没有条理的、非批判的世界观进行改造，使其具有系统化和条理化的特点，形成一种反映历史内容的独创性的思想。两种世界观之间是世界观与世界观的历史之间的关系，葛兰西认为，称职的哲学家必须要有世界观历史的意识，没有系统地对世界观发展历史进行全面了解的意识，就不会提出独创性的问题，也不具有创造一种新文化的可能。所以，“人人都是哲学家”观点的创新性在于，大众意识可以反映世界观历史的形态，外部实现是通过渗透在人日常活动中的语言、常识、宗教、道德等文化形式体现出来的。哲学家通过将大众意识与职业的创造性活动进行统一，也就是将文化与思想进行统一，创造出一种新的文化，再将新的文化传播到人民大众中，重新塑造大众意识，从而发挥文化的批判性和创造性功能。葛兰西通过对世界观历史及世界观进行文化历史意义方面的挖掘而实现文化批判及文化创造活动，将哲学作为职业哲学家的智力活动改造为文化的创造活动，达到了改造哲学本身意义的目的。

葛兰西称这种被改造了意义的哲学为“实践哲学”。“实践哲学”是基于大众意识积淀起来的历史的世界观和职业哲学家批判和创造的世界观统一起来的具有批判的、独创的哲学，它反对将自然科学的思想方式运用到人的日常活动中，因为马克思主义哲学的研究对象是人的生活世界而不是自然世界，马克思主义哲学的最终任务是实现人类的解放，所以“实践哲学”的任务是创造新文化、更新现存活动。为了将这种哲学理论体系化，葛兰西用了很多精力研究"实践哲学"的本体论问题，它是整个"实践哲学"体系的基础，体现着"实践哲学"与以往马克思主义哲学的本质区别。因此，葛兰西对"实践哲学"做了明确的说明："实践哲学以一种历史主义的方式思考自身，即把自身作为哲学思想的一个暂时的阶段，这一点不仅存在于实践哲学的整个体系中，而且还以十分明确的方式存在于一个著名的哲学命题中。这个命题即是：历史的发展在某一点上将具有从必然王国进到自由王国那个阶段的特征。"①也就是说，"实践哲学"具有人的创造性活动和历史主义两个要素，人的创造性活动属于以人的意志为基础的"自由王国"阶段，历史主义属于规定人的创造性活动的"必然王国"。

葛兰西基于"实践哲学"基础对历史主义概念的规定，具有区别于其他马克思主义哲学家相关论述的特征。首先，历史主义指人的现实的活动。葛兰西认为，历史主义与自然主义的主要区别就是思辨和行动的区别，历史主义的提问方式使人的创造性活动既具有理论意义也具有实践意义，它是对现实和历史进行生成的哲学，具有改变世界的功能。其次，历史主义是人的经验和常识的历史积淀，即传统现实的文化。对历史主义的这一规定，葛兰西主张将人的创造性活动定位于人的日常生活及文化交往中，并将语言作为研究的最基本内容，这就实现了在文化中进行批判的目的。最后，历史主义具有相对性。历史主义的相对性否定抽象的本体、上帝以及人的认识以外的"现实"，是可以预见可能性的、经验的一种思维方式，这就从本体论上强调了历史主义的叙述原则。在实现手段上，他将历史主义相对性与政治行动相联系，进而使理论和意识转变为现实。这三个规定从不同方面体现了历史主义的叙述原则，消解了人以外的一切绝对的、非人的因素。因此，葛兰西的"实践哲学"也被称为"绝对历史主义"。

葛兰西的哲学领域不局限于历史唯物主义，他不以经济作为社会批判的核心，而是将批判的领域扩展到人的日常生活世界及其意识形态中，对人的创造性活动及历史主义进行本体论上的说明，"建立了一种新的意识形态

---

①葛兰西.狱中札记[M].葆煦，译.北京：人民出版社，1983：395.

的文化批判的哲学，从而实现了马克思主义哲学在20世纪的转向”①。

3. 法兰克福学派

因主要成员都曾在德国的法兰克福社会研究所工作过，所以这个学派得名“法兰克福学派”。法兰克福社会研究所由霍克海默在20世纪20年代创办。法兰克福学派的发展以20世纪50年代初作为理论分界线，分为法兰克福学派前期和后期。法兰克福学派前期的研究方向由所长霍克海默确立——研究社会哲学，以“社会批判理论”作为其理论基础。为了使研究所发展壮大，霍克海默召集了一批有才学之人，如阿多诺、马尔库塞、弗洛姆、本杰明等。20世纪30年代末，由于受到德国法西斯执政的压制，霍克海默向美国申请政治避难，将社会研究所迁往美国。到了美国后，霍克海默、阿多诺、马尔库塞等继续开展研究工作。第二次世界大战之后，霍克海默、阿多诺等人回到联邦德国重建法兰克福社会研究所，马尔库塞、弗洛姆等因工作原因一直留在了美国，但此时他们之间的研究工作并没有因为地域而产生区别。20世纪50年代以后，法兰克福学派后期的研究方向不再由霍克海默确立，呈现多元发展的趋势，这时期的代表人物以哈贝马斯、施密特、内格特、韦尔默尔、奥非为主。不论在法兰克福学派的前期还是后期，社会文化批判都占据哲学研究工作的主流，而在当时引起巨大社会反响、引导西方社会文化批判路径的还属法兰克福学派前期的思想。

法兰克福学派的理论构建受到很多哲学家哲学理论的影响，如对马克思早期著作、否定资本主义理论、人道主义、异化劳动、实践唯物主义、人的劳动本质等思想的借鉴和发展；对“西方马克思主义”创始人卢卡奇的理论的直接继承，包括卢卡奇所推崇的黑格尔的理性原则、真理学说及青年黑格尔派的理论批判、个人批判等；对康德、狄尔泰、叔本华、尼采等的个体性理论的吸收和发展；对弗洛伊德心理学的研究；对以卢梭、歌德、海德格尔等为代表的浪漫主义思想传统的继承等。而对马克思主义文化哲学传统的继承，则主要以法兰克福学派早期代表人物为主。

---

①何萍. 马克思主义哲学与文化哲学[M]. 武汉：武汉大学出版社，2002：47.

“社会批判理论”是霍克海默在1937年发表的《传统理论与批判理论》一文中首次提到的概念，此后他为该理论制定了一套理论纲领。霍克海默认为，批判是马克思主义哲学的本质，该理论在马克思的哲学思想到马克思主义的哲学思想的发展过程中，虽然经历了第二国际、第三国际“从批判性到科学性的转移”，但是仍然要恢复并坚守马克思主义难能可贵的批判性和革命性。在理论本质被确定后，霍克海默对社会批判理论和传统理论做了区别说明：传统理论是指用自然科学方法研究社会的一种“科学知识”或一种资本主义社会的意识形态，它使概念和范畴永恒化、凝固化，不考虑社会的发展和变化，对现存社会制度持接受和肯定态度。“社会批判理论”代表了一种政治立场和政治实践，认为现存社会制度是一个系统的、运动的过程，任何既定事物都是在运动中得到改变的，对一切既定事物持破坏和否定态度。社会批判理论具有五项基本原则：科学性与革命性、批判性对立，理论批判是变革社会的力量，合理社会由人的本性造就，批判理论与无产阶级之间是相互独立的关系，批判理论不能被俗化。

1947年出版的《启蒙辩证法：哲学断片》一书是霍克海默与阿多诺共同批判西方文明的著作，著作中定义的“启蒙精神”是指一种在任何情况下都将人从恐惧中解放出来、确立其主权的进步思想，它是具有最一般、最普遍的意义的人类文化中最根本的精神总称，而不仅限于18世纪的“启蒙精神”。所以，这种“启蒙精神”所指的就是西方社会中的理性原则。《启蒙辩证法：哲学断片》一书中写道：“从进步思想最广泛的意义来看，历来启蒙的目的都是使人们摆脱恐惧，成为主人。但是完全受到启蒙的世界却充满着巨大的不幸。”①启蒙精神在人类几千年文明中发展出了强大的内在逻辑，由最初的为人类所用站到人类的对立面，它从古希腊时期以来为人类“指引自由和解放的灯塔”变为“指引人类走向野蛮的前提”，逐渐成为一种灾难性的、自我毁灭的、集权主义的启蒙和胜利。所以，人类有必要重新思考：人类文化的根本精神究竟是什么，以及启蒙精神本身究竟是指什么。随着批判矛头指向的不断深入，霍克海默和阿多诺从启蒙精神的批判延伸至“科技理

---

①霍克海默，阿多诺．启蒙辩证法：哲学断片[M]．重庆：重庆出版社，1990：1.

性”的批判。他们认为,文艺复兴以来科学技术和政治的联姻是导致人逐渐被机器奴役的根本原因,人对理性工具的不断创造和发展使技术、效率、生产工具越来越精确化、高效化、复杂化,其中潜藏着人类运用理性工具征服自然的统治欲,但量变导致质变,人愈发沦为被机器操纵的对象,也沦为政治集团的统治对象,科技理性中的合理性已成为极权统治的合理性。科技理性与政治统治成功合体后,又将控制的触角伸向社会文化领域,这是霍克海默和阿多诺对启蒙精神批判的另一个延伸——对文化工业进行批判。所谓文化工业,是指经过现代科学技术程序化、一体化操作后生产出具有同一性特征的文化产品的娱乐工业体系。文化工业中涉及传播和宣传的渠道都由统治集团管控,例如收音机、电视、电影、杂志、报刊等,被物化的文化一方面利于发达工业国家实行独裁统治,另一方面达到欺骗、奴役大众的统治目的。启蒙精神已不具有先锋作用,而是逐步向社会意识形态倒退,被统治阶层所利用,具有操纵意识形态的控制职能。

对法西斯主义的批判是法兰克福学派“社会批判理论”的最初形态,他们站在人道主义的立场对法西斯主义国家的政治、经济、文化、意识形态等进行全方位的批判,以阿多诺的《专横的个性》一书和弗洛姆的《逃避自由》一书为代表。因为是在统一定位下开展的研究工作,阿多诺和弗洛姆关于法西斯主义的哲学研究都是以弗洛伊德的精神分析学为理论基础,对法西斯主义特有的心埋机制进行了剖析,这也成为该学派社会批判理论的一大特色。正如弗洛姆所说:“如果追究法西斯主义对大国产生吸引力的原因,我们不得不承认心理因素所起的作用。”①

阿多诺对法西斯主义心理的研究主要集中在个性方面,他认为“专横的个性”是法西斯主义得以实现全面控制的主要原因,因为绝大多数人都存在这种专横的个性。结合弗洛伊德“自居作用”心理机制的理论进一步对其进行解释,就是把人的性本能变为群体结合的一种感情,这种感情促使单独的个体集成庞大的群体,而这一集成的过程就是法西斯主义集团形成的过程。

---

①弗洛姆.逃避自由[M].北京:工人出版社,1987:19.

弗洛姆认为法西斯主义形成的主要原因是“独裁主义性格”。所谓独裁主义性格，弗洛姆定义为“对权势者屈从，对比他地位低的人施淫威”①。具有这种性格的人会臣服于法西斯主义的统治，如此一来法西斯主义也实现了统治的目的，所以这个过程会形成施虐狂和受虐狂。施虐狂以在精神和肉体上折磨他人为快感，主要目的在于控制和主宰他人命运；受虐狂甘愿在施虐狂的折磨中屈服，并以此获得一种快感，它是个体内在自卑和无能个性方面的体现。

对法西斯主义大众行为中的心理领域进行深层剖析是从法兰克福学派开始的，此前学者们对其非理性因素的研究较少涉足。学者们对法西斯主义心理机制进行深入研究，具有十分重要的历史意义：一方面揭示并瓦解法西斯主义残酷的军国主义统治，维护世界和平，另一方面有助于防止其再次复活。

二、马克思科技文化观中的人的解放思想

科学技术与社会文化的关系一直是学术界讨论的重要话题，而以往的讨论多是以“科学技术与人文对立”为议题展开的，缺少对文化进行历史唯物主义的全面性理解。那么，什么是马克思的文化观？恩格斯认为：“文化上的每一个进步，都是迈向自由的一步。”②马克思十分认同恩格斯的看法，在马克思看来，“文化的真正内容是形成人的关系、力量、能力和需要的全部总和的发展。文化的最高价值在于实现真善美高度统一的自由境界”③。因此，马克思的文化观是其思想体系的有机组成部分，其核心在于将文化理解为人类在历史辩证发展过程中的实践创造。人作为历史实践的主体，通过对象化的生产活动实现社会关系的建构与自然环境的改造，这一辩证过程正是文化生成的本质所在；在此基础上形成与特定历史时代相适应的思想体系，并经由社会、文化、科技等领域的互动与对抗，最终在否定之否定的

---

①弗洛姆．逃避自由[M]．北京：工人出版社，1987：105．

②中共中央马克思恩格斯列宁斯大林著作编译局．马克思恩格斯文集：第 9 卷[M]．北京：人民出版社，2009：12．

③杨怀中，程宏燕．马克思和恩格斯的科技文化观[J]．哲学研究，2012(9)：119．

辩证运动中形成具有整体性的人类文化。劳动实践分为体力劳动和脑力劳动，而劳动分工的本质是人进行感性的创造性活动的能力不断获得增强，这不仅体现在物质产品的生产上，还体现在科学理论和技术工具的不断创新上。人类在通过肢体改造自然对象的同时，也通过智力活动创造并运用劳动工具或机器系统。人在生产劳动中的能力不断增强的同时，个体获得自由发展，因此，社会劳动既生产了文化得以实现的物质基础，又生产了文化本身，它作为文化的现实基础决定了文化分为物质文化和精神文化。从这个意义上说，马克思的文化观是历史唯物主义的文化观。

科学技术是随着人的生产劳动实践而产生的一种独特的文化形式，它与社会文化之间既相互独立又相互联系，如同马克思和恩格斯所认为的那样，“自然科学每前进一步，就是为人的解放做一份准备，也是一场‘人的本质力量的公开展示’”①。所以，科学与人文并不对立，它们都内在地蕴含着人文精神，是推动人类解放获得全面自由的重要方面。按照科学技术与文化的关系，我们可以将科学技术划分为“科学技术文化”和“科学技术与社会文化”。“科学技术文化”包含物质与精神双重维度：其物质文化体现为对社会物质生产力的推动、物质产品的生产、新工艺与工具的创造，并作为时代性标记区分不同历史阶段的文明进步方式，此即科学技术的本质显现；其精神文化则表现为人类区别于动物的根本特征——通过认识世界与自我所形成的知识体系、思想方法及精神气质，彰显科学技术文化的人本意蕴。“科学技术与社会文化”的关系：科学技术作为第一生产力，科学技术活动对人的社会生活的方方面面都产生了深远的影响，从人的生产、生活方式到人的思维方式，从人的语言、心理到价值观念，从人与社会的关系到人与自然的关系等，科学技术影响着社会文化的发展势态和水平；而作为整个社会文化大系统中的子系统，科学技术的发展又要受到社会政治、经济状况的制约和规定，并被整体的社会文化所制约，甚至包括自然对它的发展限定。

斯特洛伊克认为，“马克思对怎样认识自然科学的主要贡献在于他强调

①中共中央马克思恩格斯列宁斯大林著作编译局．马克思恩格斯文集：第3卷[M]．北京：人民出版社，2009：602.

自然科学的社会特征……但是在马克思生活的时代，特别是他求知的青年时代，连技术的基本社会性质都很少有人提及"①。马克思本着改变世界的初衷，以人的解放作为整个理论体系的旨归，而这个旨归也存在于他的科技观中。科学技术的发展是马克思所关注的实践活动中的重要内容，但马克思重点指向的并不是科学技术本身，而是科学技术与人的解放的关系。他通过科学技术与人的解放的关系来理解科学技术及其功能，为的是推动"现实的人"的全面发展。马克思认为，科学技术的发展不仅作用于人类社会认知领域、经济领域，还对人的解放具有推动作用，也就是说，科学技术还具有对人的解放功能。"没有蒸汽机和珍妮走锭机就不能消灭奴隶制；没有改良的农业就不能消灭农奴制"②。马克思通过考察人类社会历史发现，自然科学通过"工业日益在实践上进入人的生活，改造人的生活，并为人的解放做准备，尽管它不得不直接地完成非人化"③。所以，人的解放是一种历史过程，它完整地存在于人的历史关系中，与社会工业、商业、农业、社会交往等紧密相连，而科学技术具有推动这一历史进程的革命力量。从马克思所考察的人类社会的最初形态（人的依赖关系），到普遍的社会物质交换构建的全面关系及能力体系的第二大形态，再到个人全面发展自由个性、共同享有社会财富的第三大形态，生产力的发展与人的解放始终统一在一起，而作为生产力的核心内容，科学技术与人的解放也具有内在一致性。随着现代化工业社会的发展，科学技术越来越成为社会生产力发展的主导因素，并且它的发展也越发揭示了人对实现全面解放的内在渴望。但是，马克思并没有无限放大社会生产力的作用，他说："这个领域内的自由只能是：社会化的人，联合起来的生产者，将合理地调节他们和自然之间的物质变换，把它置于他们共同控制之下，而不让它作为盲目的力量来统治自己；靠消耗最小的

①斯特洛伊克.马克思与恩格斯对科学史和技术史的贡献[J].徐义保，译.科学文化评论，2006，3(6)：50.

②中共中央马克思恩格斯列宁斯大林著作编译局.马克思恩格斯选集：第一卷[M].北京：人民出版社，1995：74.

③马克思.1844年经济学哲学手稿[M].中共中央马克思恩格斯列宁斯大林著作编译局，译.北京：人民出版社，1979：81.

力量，在最无愧于和最适合于他们的人类本性的条件下来进行这种物质变换。”①科学技术作为社会生产力的核心内容，对“合理调节物质变化”“摆脱盲目力量”发挥着关键作用，在推动社会发展的同时，还具有实现人的自由、全面发展的价值意义。但是进入现代发达工业社会阶段，科学技术的价值一直被忽视，导致单向度的、机械的、僵化的科技理性持续发展，甚至有关“科学技术决定论”“生产力决定论”一时之间成为热点。一些理论家完全忽视了马克思对科学技术的全面考察，仅注意到要重视生产力的发展，并没有把握住科学技术与人的解放之间的本质——通过发挥科学技术的革命力量最终实现人的解放的价值目标。

马克思指出：“自由王国只是在由必需和外在目的的规定要做的劳动终止的地方才开始；因而按照事物的本性来说，它存在于真正物质生产领域的彼岸。……在这个必然王国的彼岸，作为目的本身的人类能力的发展，真正的自由王国，就开始了。但是，这个自由王国只有建立在必然王国的基础上，才能繁荣起来。”②但从马克思所处的时代以来，特别是晚期资本主义社会对物质生产领域的发展使得社会呈现物质在场、人性空场的状况，物质的丰富和精神的匮乏成为现代性的一个二律背反的命题，其中同样也包含科学技术的异化发展问题。在对科学技术的异化现象进行批判时，马克思指出：“技术的胜利，似乎是以道德的败坏为代价换来的。随着人类愈益控制自然，个人似乎却愈益成为别人的奴隶或自身的卑劣行为的奴隶。甚至科学的纯洁光辉仿佛也只能在愚昧无知的黑暗背景上闪耀。我们的一切发现和进步，似乎结果是使物质力量具有智慧的生命，而人的生命则化为愚钝的物质力量。”③科学技术具有人的本质力量和创造能力，这是历史发展的必

①马克思．资本论：第一卷[M]．中共中央马克思恩格斯列宁斯大林著作编译局，译．北京：人民出版社，1975：926.

②马克思．资本论：第三卷[M]．中共中央马克思恩格斯列宁斯大林著作编译局，译．北京：人民出版社，1975：927.

③中共中央马克思恩格斯列宁斯大林著作编译局．马克思恩格斯选集：第一卷[M]．北京：人民出版社，1995：775.

然，是人类文化发展过程中一种独特的存在形式；但是，科技异化的出现则是随着资本主义工业化大生产而产生的，它将工人从繁重的体力劳动中解放出来的同时，使工人丧失了人的本质，工人无法在劳动中自由地发挥体力和智力，个人自由发展的空间及其可能性受到前所未有的限制。但科学技术的异化现象并不是过去或未来历史的常态，它只是现代社会发展中出现的特有现象，它产生的根源并不在科学技术本身，而是在应用科学技术的资本主义体制。科技对人的奴役实际上仍是人对人的奴役，那些机械化、自动化的劳动产品能得到普遍推广就是资产阶级剥削的新手段的运用成果，工人的肉体劳动得到了解放，但精神劳动创造的剩余价值仍在被无情地占有，资本与劳动的对立关系始终没有得到解决。如果不改变资本主义私有制，那么科学技术的异化现象在资本主义社会就不会得到根本消除，但是如今的资本主义发展已从自由资本主义时代走向垄断资本主义时代，社会生产力已得到前所未有的发展，让正在享受资本红利带来的垄断权力的垄断资产阶级彻底改变资本主义体制来实现人的全面解放，目前看来，这似乎是不太可能的事情。但研究发达资本主义社会在发展中表现出的科技异化现象，会让我们更加坚持马克思关于人的解放的价值旨归。因此，为避免出现单向度社会发展的弊端，我们在发展科学技术的同时注重人的感性与理性的双向度发展就显得尤为必要。

三、马克思关于人的解放思想在政治与社会领域的探索

马克思关于人的解放思想所包括的政治解放、社会解放与人的个性解放是在逻辑上具有递进关系的有机整体，它们在实践中并不相互独立或分离，而是随着历史发展互为前提、内在交融。政治解放既是人的解放的前提，也是人的解放的最后形式；社会解放在政治解放到人的解放的发展过程中起到承前启后的作用，是其中的关键环节。

第一，在《论犹太人问题》一文中，马克思指出，政治解放“尽管它不是普遍的人的解放的最后形式，但在迄今为止的世界制度内，它是人的解放的最后形

式”①。政治解放实现了资产者的解放，遏制了普遍人的解放，却是实现人的解放的重要环节。因此，并不是要全盘否定或全盘肯定政治解放的历史作用，而是要寻求一种多数人的政治解放的新可能，从而替代资产阶级的少数人的政治解放。马克思认为，无产阶级通过革命夺取国家政权后组成以无产阶级为主的新型国家政权组织形式，具有实现多数人的政治解放的可能。

首先，具有革命坚决性的无产阶级与人的解放在根本上保持一致。现代资产阶级国家内部阶级分化严重，使得无产阶级仍处于与资产阶级相对立的被奴役的状态，但在马克思的眼中，无产阶级却是人的解放的心脏。从发表《论犹太人问题》一文到出版《法兰西内战》一书，马克思更加清楚地认识到无产阶级才是真正蕴含人类普遍解放可能性的革命性力量，他说：“工人阶级不是要实现什么理想，而是要解放那些由旧的正在崩溃的资产阶级社会本身孕育着的新社会因素。”②无产阶级先要以自身获得政治解放为前提，再通过革命掌握国家政权，才能将蕴含的革命性力量真正爆发出来，但这又提出了另一个历史条件：需要一个与有产阶级的一切旧政党相对立的先进的无产阶级政党的统一领导。只有这样，无产阶级才能真正形成一个阶级，并以自为的方式与现代资产阶级相抗衡。而由世界历史的发展可知，共产党作为工人政党中最坚定的部分始终走在无产阶级运动的最前方，它具有把握理论和实践的正确方向、带领无产阶级走向人的解放的历史革命性，正如马克思所说：“在实践方面，共产党人是各国工人政党中最坚决的、始终起推动作用的部分；在理论方面，他们胜过其余无产阶级群众的地方在于他们了解无产阶级运动的条件、进程和一般结果。”③

其次，站在“走向人民、由人民掌权”的历史新高度上组织政权才能真正实现政治解放。马克思认为，仅仅是打破旧的国家机器再建国家政权并不

①中共中央马克思恩格斯列宁斯大林著作编译局. 马克思恩格斯文集：第1卷[M]. 北京：人民出版社，2009：32.

②中共中央马克思恩格斯列宁斯大林著作编译局. 马克思恩格斯文集：第3卷[M]. 北京：人民出版社，2009：159.

③中共中央马克思恩格斯列宁斯大林著作编译局. 马克思恩格斯选集：第二卷[M]. 北京：人民出版社，2009：44.

能实现多数人的解放,而是要"由人民掌权"才能根本改变旧有的政权组织形式。对此,马克思以巴黎公社为例,提出"走向人民就要使人民真正受益"①。"廉价政府"、保护劳动者权益、改善人民生活等具体举措都是马克思根据巴黎公社的实践内容所提出的,其根本目的一方面是揭示资产阶级国家的虚伪性和排他性,另一方面是具体论证无产阶级政权组织何以可能。马克思敏锐地把握到"走向人民"的人类历史发展的本质,为民主政权的建立奠定了真理性的基础。"党的十八大报告提出'五位一体'总体布局,确立了经济、政治、文化、社会、生态文明全面协调发展的理念。按照这一发展理念,经济增长应当与社会公平协调推进,这无疑体现经济正义的要求。同样,党的十九大报告关于以人民为中心的发展观及新时代社会主要矛盾的论断,都要求超越单纯'理性经纪人'及其'唯 GDP 模式'"②。

第二,社会解放的过渡性作用。马克思始终认为,人的解放并非一个结果,而是一个过程。政治解放作为冲破旧有政权的革命性力量为新政权打开解放的大门,但是走向人的解放的最终目标前还要以实践与理论相结合的方式带领人们坚实地走过一个完整的历史阶段,而这个阶段在各方面,如在经济、道德和精神方面都还带着它脱胎出来的那个旧社会的痕迹③,马克思把清除这些旧社会的痕迹的过程称作社会解放。

首先,社会解放的关键在于经济变革。马克思指出:"无产阶级将利用自己的政治统治,一步一步地夺取资产阶级的全部资本,把一切生产工具集中在国家即组织成为统治阶级的无产阶级手里,并且尽可能快地增加生产力的总量。"④生产力与生产关系的矛盾运动是经济变革的本质,阶级压迫和人的异化根源是私有制,而在当代资本主义社会,资本逻辑的运动过程支

①吴海江,刘超.走向人的解放:马克思国家理论的价值旨归与当代意义[J].社会主义研究,2020(5):38.

②康翟.新中国成立以来经济正义观念演变的历史与逻辑[J].马克思主义哲学评论,2021(6):140.

③中共中央马克思恩格斯列宁斯大林著作编译局.马克思恩格斯文集:第 3 卷[M].北京:人民出版社,2009:434.

④中共中央马克思恩格斯列宁斯大林著作编译局.马克思恩格斯文集:第 2 卷[M].北京:人民出版社,2009:52.

配着资本主义根本经济规律。从早期资本主义社会到晚期资本主义社会，不论资本的运动方式发生怎样的变化，资本逻辑的运动规律始终不曾改变，资本对剩余价值的追求和对人的剥削，资本与精神的对立，透露出资本的发展既是人的存在的现实基础又使人的生存陷入困境。通过对资本逻辑的批判，马克思为人的解放探寻出一条切实可行的道路：理解资本逻辑运动的规律才能更进一步探寻人类解放的道路，人类解放的逻辑运动是对资本逻辑运动的扬弃和超越。马克思对资本主义生产关系批判的最终目的是实现共产主义，实现人的解放，如果不通过现实的具体实践来变革资本主义社会资本与劳动之间不平等的关系并建构新的生产关系，就会使共产主义的终极关怀变为一种形而上学。当然，马克思还同时指出，要对资本进行辩证理解并把握住它的两个向度：一方面要看到资本的功过并存，另一方面要始终坚持无产阶级的抗争性。在资本狂热追求利润的驱使下，资产阶级迎来了它比以往任何社会历史形态都更富有的时刻，同时更拉响了社会关系需要全面改革的警报。如果仅看到资本与人对立的关系而对其进行否定和抛弃，就会陷入“左”的迷误。要看到资本在促进生产力发展和社会关系进步时的重大历史作用，坚守住马克思在资本辩证立场中的肯定向度，借助资本来为社会主义国家服务，只有为社会主义国家的现代性发展奠定坚实的物质基础，才能更有力地推动解放事业的发展。当然，马克思认为的人的解放的价值旨归是每个个体的全面自由的发展，为了实现人的解放，马克思论证过暴力革命的必要性，但是他对通过其他方式进行革命的可能性并未有过否定和质疑。对当代资本主义国家出现的资本拜物教现象，西方马克思主义者对资本逻辑的批判普遍呈现出在理论上激进、而在实践上趋于温和的特点，他们虽然没有从根本上改变资本的内在矛盾和暂行性本质，但是通过广泛的批判将资本主义社会经济制度的缺陷和统治弊端更充分地暴露出来，推动了经济体制的变革。例如，通过推动新一轮的技术革命来解决金融危机和经济衰退问题，以及在更新的历史高度上调整生产关系中的矛盾等，都显示出了人类亟须走出生存困境的智慧和决心。

其次，社会解放的重点在于文化变革。马克思的全部学说贯穿着人的解放的核心思想，具有深厚的人本意蕴，其理论出发点和价值旨归都展现了对人的深刻关怀，其政治经济学批判也是对劳动异化等问题进行的人本主义批判，“如果仅停留在经济维度理解社会解放，则会将马克思深邃的历史洞察庸俗化为‘经济决定论’”①。经济变革决定着社会解放，文化变革是社会解放的稳定动力。之所以要特别强调文化变革区别于社会其他领域变革的重要性，一方面从宏观视域来看，文化的本质在于人的感性的创造性活动；另一方面从微观视域来看，文化具有区别于社会其他领域的相对独立性，它与经济、政治等领域的发展互为前提、相互交融，并非亦步亦趋。马克思指出，“无产阶级还没有建立起自己的最终的组织，为了解放自己，它还要使用一些在它获得解放以后将会放弃的手段”②。利用旧有社会的元素是把双刃剑，它既能为完成特定历史阶段的现实任务提供助力，又潜藏着侵蚀无产阶级政权的风险。所以，如何协调新旧社会交替时不同元素之间的作用力，这一问题的解决需要文化因素参与。文化作为人类实践成果的抽象化形式，内含人类感性的对象化活动的全部过程，它见证人类历史发展的普遍性，也表征每个个体生命活动的特殊性。所以，文化具有极强的渗透性和持久性，能以无形的观念和意识深刻影响经济发展和全部社会生活。如同马克思给出的启示那样：“共产党一分钟也不忽略教育工人尽可能明确地意识到资产阶级和无产阶级的敌对的对立，以便德国工人能够立刻利用资产阶级统治所必然带来的社会的和政治的条件作为反对资产阶级的武器。”③无产阶级的阶级意识和立场是与资产阶级相抗衡的思想武器，具有十分重要的历史作用，但是在当代资本主义社会，无产阶级的阶级革命意识和立场不断被科学技术理性、资本逻辑运动等弱化和瓦解，还不具有历史的普遍性和一致性。因此，从微观行为上探寻个体“文化自觉”的可能性也是尝试进

---

①吴海江，刘超.走向人的解放：马克思国家理论的价值旨归与当代意义[J].社会主义研究，2020(5)：39.

②中共中央马克思恩格斯列宁斯大林著作编译局.马克思恩格斯文集：第3卷[M].北京：人民出版社，2009：408.

③中共中央马克思恩格斯列宁斯大林著作编译局.马克思恩格斯文集：第2卷[M].北京：人民出版社，2009：66.

行文化变革的一种路径。

“文化自觉”是由费孝通提出的一种融合性文化理论，后来学者多由此探讨其中所内含的文化与文化自觉的关系。“文化自觉”重点在于“自”和“觉”的作用，“自”可以作为社会个体的内在精神力量，“觉”是一种对文化的觉知、觉醒和超越，按照费孝通所言就是“自知之明”的意识①。“文化自觉”的主体在于社会个体，他们既是文化的创造者，又被创造的文化所影响，既是文化的主体，又是文化的客体。虽然文化从宏观意义上来说具有整体性，但它并没有拒斥过对其个体性特征的探索。我们在考察当代资本主义社会中人的原子式个体生存现象时发现，文化似乎也在逐步展露微观意义上的原生态。由此来看，个体文化自觉的塑造可以通过个体科学把握文化发展规律来实现。马克思曾指出，人的社会历史是个体发展的历史，由此可知，文化的历史也同样是个体文化发展的历史。虽然说文化是人类感性的对象性活动的全部过程，但是在现实生活中，文化总被限定性地认作一种“框架化”或“规则化”的指导原则，原本的感性的内在意识被外化的形式所遮蔽，个体与文化之间的本质关系就此疏离。个体缺少文化的内在向度是文化视角缺失的根本，所以文化内在于个体的实践活动中才有助于文化的自觉意识生成。当然，个体与文化之间的疏离又形成了文化对个体历史的超越性，个体可以打破自身的文化局限，以一种更宏大的历史视野和大局意识对文化整体的内容、发展趋势等进行价值判断。个体所具有的文化内在意识以及对局限性文化的超越，均来自文化创造主体的实践。

四、马克思关于人的解放与个体的全面发展

马克思的人类解放学说呈现出严谨的理论整体性：经《论犹太人问题》揭示政治解放作为人类解放的历史前提，到《德意志意识形态》在唯物史观视域下确立劳动解放的现实路径，最终在《资本论》中依托剩余价值理论将人的自由全面发展确立为终极指向。这一演进轨迹不仅勾勒出马克思人类解放理论的完整图景，更深刻印证了其学说一以贯之的价值内核：通过社会

① 费孝通. 费孝通论文化与文化自觉[M]. 北京：群言出版社，2005：248.

关系的革命性重构,实现人的自由全面发展。不论是政治解放还是劳动解放,都是作为解放的局部而存在的,真正的解放是"完整的人"的解放,他是马克思全部学说中的最高价值追求。所谓"完整的人",是马克思在批判黑格尔和费尔巴哈的人学思想时所提出的概念,他认为"完整的人"并不是费尔巴哈所谈论的抽象的个体的人,也不是黑格尔所谈论的抽象的整体的人类,而是将个体的人、群体的人辩证结合在一起的人。"完整的人"是在从事现实的、感性的活动中能动地表现生命和个性的个体的人,是由某种共同利益和社会关系结合起来的具有相同目的且进行共同活动的群体的人,是具有自由的有意识的活动的共同性的类存在物①。那么,"完整的人"的解放究竟是实现了谁的解放?学界对此有不同的观点。按照刘同舫教授的观点,马克思的人类解放理论中具有个体、局部地区、全人类三个层面的解放,这三个解放主体之间是相互联系、相互促进的关系。个体和局部地区的解放是为了最终实现全人类解放的目标,而全人类的解放的实现又要以个体、局部地区的解放为前提。

个体的解放与全面发展和人的解放之间具有辩证统一的关系,因此,"个体"作为马克思哲学中经常使用的术语在"人的解放"思想中也具有多层内涵。

首先,政治解放对个体的全面发展产生双重影响。马克思在《论犹太人问题》一文中指出,政治解放是人的解放的前提,它的实质是对现代国家和市民社会世俗面目进行还原的过程。所以,政治解放包含两层含义:"一是指资产阶级国家摆脱封建神权统治,成为独立的民主国家;二是指市民社会摆脱封建统治,成为个人生活的场所。"②这两层含义都对个体作为解放与全面发展的主体产生了重要影响:一种是摆脱封建统治对个体产生的积极影响,另一种是解除宗教统治后对个体产生的消极影响。在封建主义社会中,市民社会被政治属性所统摄,其独立性消解于政治国家的整体性之中,因此单一的"个体"同样被淹没在封建主义社会中且并不具有可以与国家相

①袁琳. 马克思恩格斯社会建设理论与人的解放[J]. 社会主义研究,2011(5):7.

②张端. 实现人的解放的现实路径探析[J]. 马克思主义与现实,2015(3):50.

抗衡的能力。资产阶级通过政治革命推翻封建主义社会的统治，市民社会的政治属性也被消解，在建立资本主义国家后宗教神权已不具有威力。已成为政治国家的资产阶级社会在形式上使个体具有抽象的权利和自由，个体自此从市民社会中分离出来，成为“政治国家”的基础和前提，这是政治解放对个体产生的积极影响。然而，个体从宗教统治中解放出来的只是外在形式，并不意味着他的内在精神也真正从宗教统治中被解放了出来。政治国家同样具有的政治属性，在赋予个体身份的同时实际上是对个体进行另一种形式的束缚。从前，宗教可以作为个体精神的避难所，但在宗教被驱赶到私法领域并成为市民社会的精神后，自由信奉宗教的状况并没有使个体在精神上获得解放，反倒使个体与其人格出现了分离。于是，人们一切的出发点和目的都是为了获取私利，社会中其他个体都成为满足自己需要的工具，这就导致个体之间的关系出现异化。在私利和现实需要成为生存原则时，金钱毫无疑问成为替代宗教的另一个“上帝”，人的劳动由此发生异化，个体的价值不再成为生存的根本旨归，形式上获得的自由反而使人们陷入更加深重的压迫，这是政治解放对个体产生的消极影响。马克思在看到政治解放并没有使个体获得真正完全的解放后，深刻洞察到人的解放过程是一个要经历诸多发展阶段的社会历史过程，他认为最终在实现共产主义时才能使个体获得完全的解放与全面的发展，成为身份与精神双重解放的“完全的个体”。

其次，“完全的个体”是人的解放与全面发展的最终落脚点。“完全的个体”是马克思在《论犹太人问题》一文中指出的抽象的“人格”回归到“个体”之中的状态，是“人格”与“个体”分离后的统一，是未来共产主义社会中实现完全解放的个体，是体现全人类自由全面发展的个体。因此，完全的个体一定是对资产阶级社会“阶级的个体”的积极扬弃。马克思认为，阶级的个体是资产阶级历史发展的产物，他在逐利的个体生活过程中经过相互竞争和斗争而逐渐发展壮大，但是阶级的个体的共同身份是阶级成员，并不是个体自身的身份，所以，阶级的个体的特殊利益有别于个体自身的利益，也时常被社会普遍的利益所遮蔽。马克思认为，阶级的个体并不是市民社会的全部个体,它会随着历史的发展而被扬弃,它是虚假共同体,完全的个体需要"真正共同体"的保障。真正共同体在共产主义阶段才能产生和发展,它由占有了全部生产力且实现了每个个体自由发展的自由人的联合体所构成。

在真正共同体中,完全的个体的本质得到了回归——劳动成为人的"有意识的生命活动",这是对资本主义社会异化劳动的扬弃。在资本主义阶段,作为个体本质的劳动仅仅成为维持自身生活的手段,个体与劳动、劳动产品、自身、类之间普遍出现异化现象,人的有意识的生命活动却被遮蔽。正如弗洛姆所说:马克思"所关心的是使人从那种毁灭人的个性,使人变形为物,使人成为物的奴隶的劳动中解放出来"①,所以马克思提出在共产主义阶段,在真正共同体使个体的物质活动与自主活动达到统一、使个性与个体的双重性达到统一时,人的本质就回归到了个体本身,并使个体发展成为完全的个体。

再次,"现实的个体"是人的解放与全面发展的现实立足点。不论是资本主义社会中的阶级的个体还是共产主义社会中的完全的个体,都需要现实社会的具体内容,否则就是抽象的形而上学的存在。马克思认为,"现实的个体"才是人的解放与全面发展的现实立足点,它是人的解放与全面发展得以真正实现的现实内容。因此,现实的个体是一种社会存在物。从《1844年经济学哲学手稿》到《德意志意识形态》,我们从中可以看到马克思所揭示的人的本质——一切社会关系的总和,是与社会、自然之间具有密切联系的。所以,当阶级的个体以一种单向度的形式阻碍人的本质发展时,现实的个体就会对其进行扬弃,目的是为人的解放与全面发展的实现做好准备。当现实的个体具体到个体自身时,马克思认为应该要强调人的主体性和能动性,也就是人的"感性",现实的个体所进行的感性的人的活动(或实践)是生产物质和精神生活条件的前提,在物质生活条件具备的基础上,现实的个体一方面生产了物质生活资料,另一方面还间接地塑造了"人格"。马克思

①弗洛姆.马克思关于人的概念[M]//复旦大学哲学系现代西方哲学研究室.西方学者论《一八四四年经济学—哲学手稿》.上海:复旦大学出版社,1983:61.

所提出的现实的个体是对费尔巴哈哲学中抽象的孤立的个体的扬弃，费尔巴哈没有看到人的感性，只是直观地将个体认识为抽象的个体，然而抽象的个体无法为社会提供人的解放与全面发展的物质基础，只有认识到现实的感性的个体是创造性活动的主体，才能将共产主义的理想真正实现。

唯物史观作为认识世界的科学方法论所提出的人的自由全面发展的命题，在揭示资本主义社会对“现实的人”在自然、精神、社会属性上的异化时，按照辩证法前后相继、螺旋上升的事物发展规律提出超越和扬弃“现实的人”单向度发展的一种全新的、全面的生存方式，是对人的本质的全面占有，即让人成为自身的主人。因此，实现劳动的自由全面发展是回到人的自然属性的前提。资本主义社会在导致人单向度发展时取得的成绩，实际上是以遏制人在其他方面发展的能力为代价的，而劳动的自由是对异化劳动的超越。“马克思主义认为，要实现劳动的全面发展就需要劳动能力的全面拓展”①，马克思强调，人的体力、智力的统一发展才是人的全面发展的劳动能力的体现，“体力是人体所具有的自然力，智力是精神方面的生产力，包括人的劳动技能、生产经验和科学文化知识”②。然后，实现社会关系的自由全面发展是人的自由发展的重要标志。人是社会关系的主体，作为社会主体的个人又是社会关系构建的主人，个人在构建社会关系的同时也在与社会关系中的每个人相互促进发展，这才是和谐共生的社会关系。资本主义社会过度重视经济利益的发展导致单向度的人生成，彻底损害了工人阶级全面发展的可能，是应该受到否定和扬弃的。人一方面是一切社会关系的总和，另一方面也是历史的产物，在进行自由全面发展的过程中将会出现跨区域、跨民族发展的状况，这就为人类统一联结而形成自由全面的社会关系带来可能。

最后，实现人的个性的自由全面发展是社会进步的重要标志。人的个性是现实的人在活动中表现出的区别于他人的个体特性和差异性，它的本质在于人从事感性活动时的自主性、能动性、创造性。由于人是社会历史的产物，个性自由也同样是一个社会历史概念，即在不同形态的社会中人所具

---

①张端.实现人的解放的现实路径探析[J].马克思主义与现实，2015(3)：54.

②张端.实现人的解放的现实路径探析[J].马克思主义与现实，2015(3)：54.

有的个性意义各不相同。在资本主义社会,人的个性受到阶级统治的压抑,个性无法得到自由全面的发展;在共产主义社会,个性自由所应具备的相应能力得到全面发展,实现个性自由全面发展也就成了必然。因此,个性自由是社会进步的重要标志,也是共产主义社会赋予现实的人的历史责任。个体不仅要从自身的物质利益出发,还要"自觉提升包括认知能力、审美能力在内的综合能力,并以此来为个性的自由全面发展提供能力支撑"①。

第二节 马尔库塞技术批判理论对马克思主义文化哲学的深度阐述

一、"单向度的人"对马克思关于异化问题研究的延伸

技术理性批判和意识形态批判作为20世纪批判哲学的主流,曾被诸多思想家从不同侧面、不同方式进行探讨,如胡塞尔对实证主义科学观的批判、西美尔对物化与合理化的批判、海德格尔等存在主义哲学家对技术的批判和人的文化困境的思考等。而西方马克思主义者对技术理性的批判和分析是其中更具代表性和系统性的内容,特别是法兰克福学派,其从文化视域对现代技术理性发展等进行全面、总体的审视,形成独特的社会批判理论,具有继往开来的历史意义。其中,马尔库塞是法兰克福学派中对技术理性批判持激进态度的代表,他既不同于霍克海默和阿多诺对技术理性持有的悲观主义态度,也不同于启蒙辩证法所主张的否定一切的论调,而是既批判技术又不反对技术。他的技术批判的基本出发点是技术发展的两重性,即科学技术和由此发展来的技术理性都具有两面性质:科学技术的发展在提高劳动生产率和财富增长率的同时,导致新的统治形式的产生——技术理性的统治形式,所以,科学技术失去了曾经的中立性而变为统治和控制社会的异化力量,特别在消费社会,技术理性这种新的统治体制使人们深深陷入物化甚至异化的生存方式中,它是人们自愿而为、乐意选择的享乐性的异

①张端.实现人的解放的现实路径探析[J].马克思主义与现实,2015(3):54.

化，是与马克思曾经所描述的工人被榨取剩余价值时所遭受的劳动异化不同的新的异化形式。一方面工人阶级扩大至白领阶层，在合理化的社会体制中失去了反抗力量，另一方面人在劳动实践中所应具有的否定性、批判性被消解，成为不再具有批判、否定和超越能力的“单向度的人”。正如马尔库塞所说：“由此便出现了一种单向度的思想和行为模式，在这一模式中，凡是其内容超越了既定的话语和行为领域的观念、愿望和目标，不是受到排斥就是退化到这一领域。”①

首先，由于工人的社会生存境遇、劳动活动、社会地位发生了根本性的变化，传统的工人概念在晚期资本主义社会已不具有从前的定义，而是在现代科学技术发展所带来的机械化、自动化劳动中被赋予了新的含义。因为非生产性工人数量的增加，直接导致职业阶层被重新划分，以及由此而引发的价值重构，白领阶层的劳动者数量逐渐增多，蓝领阶层的劳动者数量反而逐渐减少，以自动化、机械化为核心的技术体系在解放了人的体力劳动后代替了人在生产中原有的主体地位，使人不再具有自主选择、否定的权力，从而与机械化生产融为一体。工人的社会地位、生存境遇和劳动方式所发生的变化直接导致工人阶级对劳动的态度及意识发生了改变，他们在早期资本主义社会中对压迫性劳动的主体具有反抗意识，到晚期资本主义社会中不再对现存生产体系进行否定，反而以肯定性的力量主动参与到工业化生产中，“劳动者由此成为与现存认同的‘单向度的人’或‘单面人’，其主导性的意识是缺少否定维度的‘单向度的思想’或‘单面思想’”②。

马尔库塞深刻揭示了现代科学技术和技术理性发展在形成社会全面管理的体系后所导致的劳动者地位和价值观的变化。对工人阶级与社会成为一体化后不具有社会否定力量和批判力量的现实，马尔库塞持激进的批判态度，他认为合理化的外在现实下所隐含的社会单向度的发展必然会导致人的感性活动、自然生态等发生毁灭性的变化，出现“单向度的人”并不是社

①马尔库塞.单向度的人：发达工业社会意识形态研究[M].刘继，译.上海：上海译文出版社，2020：12.

②衣俊卿.文化哲学十五讲[M].2版.北京：北京大学出版社，2019：164.

会进化发展的积极表现。虽然在现代发达工业社会中劳动者的物质生活条件得到很大的改善,但是物性张扬、人性空场的现实使得劳动者丧失了全面发展的人的一个基本能力——否定和批判的能力,人失去了自我超越的可能及动力后,社会全面地由技术统治,从而使人对不合理的社会现实趋同,按照马尔库塞的话说就是:“发达工业文明的奴隶们是升华了的奴隶,但毕竟还是奴隶。”①

其次,现代工人对劳动的态度及意识发生的改变直接导致人的心理机制出现压抑性的本质特征,非人格化的统治形式使得发达工业社会条件下的压抑性心理机制有两个突出特征:劳动(工作)异化为苦役;爱欲降格为单纯的性欲②。而这种特征就是失去超越维度的“单向度的人”的本质心理特征。人在发达工业社会下所进行的劳动之所以是苦役,是因为在技术理性的统治形式下,人的身心都变为工具,现实和操控原则使人的外在身体备受压抑、无法自由;文化及意识形态变为消费模式后也使一体化和俗化成为社会发展的必然趋势,人的内在心灵受到捆绑后也备受压抑、无法自由。和早期资本主义社会不同的是,现代社会人的压抑状态已成为生活的日常,工人阶级已不再逃避劳动、反抗机器,之所以能够忍受枯燥劳动所带来的痛苦,是因为可以借助劳动以外的享乐及消费方式来平衡这种不满情绪,失去反抗性和超越性的现代人就是马尔库塞所说的“单向度的人”。人的爱欲受到压抑变为单纯的性欲,这使人不再会花费时间彼此用心相爱、用心去相互理解。性本能的泛性欲化体现在人的多种社会活动中,在《单向度的人:发达工业社会意识形态研究》一书中,马尔库塞对此也做了形象的描述,例如“性欲被整合到工作和公共关系中,并因此变得更易于得到(受控制的)满足。技术进步和更舒适的生活,使性欲成分有可能被有步骤地纳入商品生产和交换领域”③。

①马尔库塞.单向度的人:发达工业社会意识形态研究[M].刘继,译.上海:上海译文出版社,2020:28.

②衣俊卿.文化哲学十五讲[M].2版.北京:北京大学出版社,2019:173.

③马尔库塞.单向度的人:发达工业社会意识形态研究[M].刘继,译.上海:上海译文出版社,2020:61.

马尔库塞对现代西方发达工业社会下人的意识形态被全面控制而成为失去个性的工具进行深层次的批判。同时,马尔库塞也注意到要在当代历史条件下对意识形态的消极功能进行分析,因为离开了历史条件就无法深入到具体现实中进行批判,这也是他继承了马克思历史观的表现。

二、"个体生命解放"对马克思"人的解放"理论的延伸

在《1844 年经济学哲学手稿》问世以前,传统马克思主义者普遍认为人是社会历史和阶级的产物,只有阶级斗争才是变革社会历史的动力,而这些关于马克思阶级学说发展而来的理论内容,在马尔库塞看来,似乎都无法深刻地解释晚期资本主义社会发展中出现的有关人的解放及人的本质等问题。直到马克思《1844 年经济学哲学手稿》公开发表后,马尔库塞从中吸收了马克思深刻的人本主义思想,找到了人在社会历史中的本质内涵。但是,发达工业社会中技术理性的发展所带来的一系列成就在实现物性张扬的同时却是人性空场,在人的自然属性、理性等方面的规定得以充分实现后却并没有获得自由和解放。因此,马尔库塞从人的本能这一角度对马克思的人本主义及人类解放思想进行了补充,他认为,在发达工业社会中人并未获得解放的最直接的体现是人对价值追求的丧失,而人的价值追求要体现在每个人都可以通过自身的感性活动来进行独立的价值追求上。这种对个人价值的强调是对发达工业社会中产生的"单向度的人"所提出的要求,倘若想要变革极权社会下无否定性、批判性和超越性向度的社会制度、结构、组织方式,就要尊重个人价值,实现个体解放,这才是人类解放的真正实现。由此,在深化马克思关于人类解放的思想上,马尔库塞进行了个体生命解放的创新性发展。

首先,对马克思感性解放思想的发展。马尔库塞对感性解放思想的发展体现在对马克思革命理论的发展上。感性和实践是马克思学说的特色与价值所在。对现实中人的感性生存和解放的高度关注体现了马克思理论的实践性、革命性意义。马尔库塞对此深切认同,并将弗洛伊德相关理论与马克思相关理论相结合,从人的意识、本能、心理等内在性方面发展马克思政

治经济学批判所未涉及的领域，以元心理学作为理论基础之一，揭示了压抑性文明在晚期资本主义社会中对个体生物学产生的新影响，对马克思理论进行了发展。例如《爱欲与文明》一书中提到的“额外压抑”是对马克思剩余价值理论的发展；爱欲解放论是对马克思劳动解放论的发展；力比多的本能革命说是对马克思政治革命理论的发展等。特别是意识，马克思所强调的意识是无产阶级的意识，它对现存社会具有决定性否定的作用，是资本主义社会中受压迫者反抗阶级统治实行彻底革命的意识。马尔库塞在马克思阶级意识理论的基础上进一步认识到，在晚期资本主义社会中要实现社会变革的目的，需要从个体心理上对包括人的意识、本能、情感、欲望、需要等在内的心理机制进行救治和变革，实现感性解放才是人的解放的最终保证。这种乌托邦式的理想虽然脱离了马克思政治经济学关注的社会现实，但是也开拓出一条人的解放的新视野和新路径，是对马克思理论进行补充的有益尝试。

从对《1844年经济学哲学手稿》的人本主义解读，到写作《论萨特的存在主义》，马尔库塞始终关注个体感性被理性压抑的现实问题，认为笛卡尔“存在先于本质”开启的近代理性哲学是对个人具体生存的无视，理性应该服务于人的感性存在，它们之间是生存论的问题而并不是认识论的问题。发达工业社会中物质的充裕和精神的匮乏使马尔库塞敏锐地觉察到技术理性成为统治新形式后对人的感性的进一步压抑，它在社会政治、经济、文化、意识形态等方面对人的生存方式进行合理化控制，个体及社会都显示出“单向度”发展的趋势。单向度是新的极权统治的高级形态，也是异化劳动在资本主义发达阶段所展现的新形态，它的出现并不是偶然的，但消灭它是必然的。因此，马尔库塞通过对新感性的设想使个体超越“单向度的人”，使人的感性和理性之间再次达到平衡状态，丰富了马克思人的全面发展的学说内容。

其次，独特的审美解放思想。马尔库塞从文化的审美维度来丰富和发展了马克思关于人的解放的思想，是他的个体解放思想的一大亮点。从《爱欲与文明》中对康德、席勒美学思想的吸收，到《审美之维》《反革命与造反》中对美学与激进社会批判哲学的连接，我们可以看到马尔库塞始终未放弃感性解放理性、审美救赎感性的大胆尝试。他认为，艺术和审美与社会现实之间本身具有的疏离关系反而保存了现实的真理内涵意义，是可以引领人们走向自由、解放的未来的，因此，艺术和审美本身具有政治变革的作用，按照马尔库塞的话说就是："审美憧憬是革命的组成部分，它是马克思的憧憬：'动物仍按需求建构（塑造）自己，而人能按照美的规律塑形'。"①马尔库塞对审美可能成为变革社会的力量这一主张一直坚持到他离世，对马克思曾经设想的这条革命道路，马尔库塞认为在变革晚期资本主义社会时更有实现的必要和可能，不过他在马克思所认为的"审美憧憬是革命的组成部分"的基础上又进行思考，提出艺术是实现个体解放的重要维度，艺术、新感性可以作为重组社会结构的重要前提，只可惜激进的变革思想虽具有推动社会变革的意义，但不免陷入唯心主义。这使得马尔库塞后来一直被诟病，因其有关审美理论的先验模式与其经验主义立场之间无法调和的矛盾，但我们应该承认的是，马尔库塞所注意到的艺术维度确实拓展了人们对马克思关于人的解放思想研究的新视角和新路径。

最后，由"新感性"产生的自然解放思想。马尔库塞在《单向度的人：发达工业社会意识形态研究》一书中对他的社会批判理论所弥漫的一种悲观主义气息是这样解释的："并不拥有能在现在与未来之间架设桥梁的概念；它不做许诺，不指示成功，它仍然是否定的。它要仍然忠诚于那些不抱希望，已经并还在献身于大拒绝的人们。"②而到了20世纪60年代，在看到第三世界的革命运动、女权主义和反文化运动后，马尔库塞走出以往的悲观主义情绪，开始思考为新技术到来奠定基础的"新感性"。所以，在这之后的一系列著作中，马尔库塞都在思考由新感性所引发的一个重要问题——对自然的新态度。在"新感性"看来，自然不是处于被利用、被改造的纯粹客体，它具有主体地位，是与人类共同存在于同一个世界的彼此尊重的主体。这种由新感性所提供的新自然观可以转变现存技术理性发展的目的，产生一

①马尔库塞.审美之维[M].李小兵，译.桂林：广西师范大学出版社，2001：187.

②马尔库塞.单向度的人：发达工业社会意识形态研究[M].刘继，译.上海：上海译文出版社，2020：203.

种可以使人与自然和平共存的新技术,并且是实现技术理性目的和意义兼有的为人的解放服务的新技术。"马尔库塞认为,在当下的高新技术控制一切的时代,自然与人一样,同样需要解放。"①新技术的宗旨在于,人要与自然建立非暴力、非毁灭性的关系,并使人得到释放的感性,获得自由的意志,建立一个人与自然和解的环境,从而恢复自然原本的面貌而不再受人类的"压抑性统治"。

对新技术的设想是马尔库塞对卢卡奇所提出的"自然是一个社会范畴"的发展,马尔库塞通过对发达工业社会所处的具体历史现实进行分析而更为确定地认识到,"自然是一个历史实在"。因为自然科学首先是由科学家通过实践构建的,并且现实生活中人们所能接触到的自然也是由社会所构建的,所以不同的社会所产生的自然观也并不相同,而人们总会依照既定的自然观去构造世界,那么自然观的改变也会反过来影响技术的改变。

马尔库塞从感性解放、审美解放、自然解放的维度对马克思有关人的解放思想、革命学说等内容进行研究,这是推动人类解放事业发展的有益尝试。由于马克思主义理论并非绝对知识或已完成的真理体系,马尔库塞在深入研究马克思对早期资本主义社会的历史分析基础上,结合新的社会历史条件,提出了关于现代社会未来发展的理论构想。因此,我们可以看出,自从选择了马克思,马尔库塞就始终不曾放弃马克思主义信仰。

三、"文化批判"对马克思政治经济学批判理论的深化

"古典政治经济学最大的弊端,是对'物质化''物品化'和'货币化'的执着追求,从而弱化了经济学域外的人本意义。而马克思的政治经济学批判,正是从人的精神世界来反思这种极端物象化的弊端学说"②。道格拉斯·凯尔纳曾说:"当我们接近新的世纪时,马尔库塞的著作仍然具有针对性,因为他所考虑的主题对当代的理论和政治学仍然具有重要性"③。马尔库塞

---

①陈玉霞,李学丽.论哈贝马斯对马尔库塞"新技术与新自然"观的批判[J].自然辩证法研究,2007(23):7.

②张雄.政治经济学批判:追求经济的"政治和哲学实现"[J].中国社会科学,2015(1):18.

③陆俊.马尔库塞[M].长沙:湖南教育出版社,1999:8.

一生的哲学思想始终具有激进的批判意识，尤其对晚期资本主义社会发展所暴露的各种危机与弊端的批判性揭露，既是对马克思政治经济学批判思想立足于世界历史发展的深刻逻辑的遵循，也是独树一帜地对当代资本主义现代性进行全面批判的哲学思想的体现。

首先，对马克思政治经济学批判思想的遵循。针对晚期资本主义社会以技术理性带动社会一体化发展的时代特征，马尔库塞深刻地挖掘出“资本与精神的对立”这一马克思政治经济学批判的核心命题的新形式，揭示资本在技术理性的操控下使剥削与压迫的空间不断延伸。对此，马尔库塞将政治学、哲学、美学、社会学等多领域进行学科融合，通过“社会变迁理论”等说明原子式的、破碎式的社会现状需要进行系统性整合，才能形成对晚期资本主义社会全面的否定和批判。全球化时代下资本与技术的重组使时代发展所具有的多重变化和社会矛盾等早已不是马克思所批判的早期资本主义社会的模样，而马尔库塞在人类历史转型时期所创新的开拓性批判方式就显得更为必要。马尔库塞从技术理性批判中折射出对消费异化、意识形态、压抑性文明的批判思想，一方面力求从现代性文明的各个角度揭示技术对人的存在方式的全面支配，另一方面旨在说明一种新的激进的社会变革理论出现的必要。对此，马尔库塞提出“个体解放”的思想，目的在于为实现人类解放贡献出一个全新、可能的视域和路径，其中蕴含的乌托邦式思想虽任人诟病，但是他对人类生存境遇所做的人道主义关怀和对马克思无产阶级学说开辟的实践道路的遵循态度，都对随后发展的技术哲学、生态马克思主义和后现代思想产生了深刻的影响。特别是在社会理论与实践之间寻求一种辩证关系的时候，马尔库塞做了开拓性的尝试。正如凯尔纳所说的：“为了社会批判理论，马尔库塞替哲学范畴，甚至是形而上学做了辩护，而在发展一种具有实践意图的哲学社会理论时，马尔库塞把社会理论对哲学的扬弃呈现了出来。这一计划牵涉到要重新构建和重新思考马克思主义，以填补它的空白，并使之更适应当代现实的需要”①。

①马尔库塞. 马尔库塞文集：第二卷 走向社会批判理论[M]. 高海青，陶焘，译. 北京：人民出版社，2019：24.

其次,对当代资本主义现代性的独特批判。马尔库塞吸收了马克思政治经济学批判中“资本与精神对立”的要义,深化了马克思主义的经典思想,对马克思政治经济学批判此前并未涉猎过多的意识形态领域展开具体批判。例如,马尔库塞抓住发达工业社会技术理性与政治统治联合进行社会操控的特有发展形式,对由此导致的社会生活方式、媒体、文化形式、美学、心理等方面的合理化控制进行深入而激进的批判,将未被马克思充分理论化的社会现象进行理论化的升华。在批判方式上,马尔库塞也有别于马克思围绕一个关键范畴进行深入挖掘的政治经济学批判方式,而是用一种更为广泛的视角进行全面批判,或者在一个分析视角中呈现彼此对立的两种观点,这一方面与马尔库塞多重维度思考事物的思维方式密切相关,另一方面与其对当代资本主义所处的复杂历史阶段特有的危机与和平共存发展的时代特色的客观呈现有关。在人类未来的走向并未明朗的时候,马尔库塞以具有张力的辩证批判方式形成了独树一帜的理论思想。

从古希腊哲学到近代西方哲学,大多数哲学家始终在锲而不舍地追问存在论,而马克思则在追问本体论。如他在《德意志意识形态》一书中用唯物史观所界定的生产力、生产关系、生产资料等的范畴那样,社会存在应是属人的感性的、实践的、对象性的劳动。因此,马克思政治经济学批判同样也是一种实践的、革命的学说。马尔库塞的技术批判从形成理论到具体实践始终都坚守着马克思哲学所走的这条路,但不同于马克思所认为的无产阶级革命是推翻资本主义制度的根本力量,马尔库塞认为“外在条件的任何变动必然意味着马克思理论的彻底更新与修正”①。所以,在进入以技术理性和政治统治联合为主要发展形式的发达工业社会,马尔库塞结合具体社会实践活动,将马克思的社会革命学说转变为社会批判理论,形成一种“大拒绝”式的总体性革命,否定、批判资本主义当下暴露出的新的社会矛盾和危机,努力寻找终将产生社会变革的有利时机和方式。正如安吉拉·戴维斯曾经指出的那样:“马尔库塞在那个时期的许多理念都是在与当时的社会

①马尔库塞.马尔库塞文集:第六卷 马克思主义、革命与乌托邦[M].高海青,冯波,译.北京:人民出版社,2019:123.

和文化运动的对话中发展起来的。”①马尔库塞的技术批判以一种革命的实践精神对发达工业社会不合理的社会制度和组织方式进行彻底拒绝，本质上是为实现个体自由解放所进行的勇敢探索。

第三节　马克思主义文化哲学对马尔库塞技术批判理论的审视

一、缺乏审美理论形而上与形而下关系的系统论证

马尔库塞在审美理论的建构上呈现出形而上学与形而下学之间的矛盾关系。

首先，马尔库塞由遵循马克思政治经济学批判的理论逻辑而进行的对资本主义社会现实的激进批判，到以意识作为否定力量所建构的感性解放理论，再到对审美解放理论进行的形而上学的乌托邦式建构，都是对现代人类生存境遇和现状的人道主义关怀，他不断在理论与实践中彷徨前行，目的是指出一条由真理做导向的社会变革之路，从而实现人的解放和全面自由。马尔库塞晚年一直坚持使用美学作为反对极权社会的批判武器，对科学技术理性转变为技术工具理性这一独特的社会发展形式做出了激进的批判。他使人们认识到工具理性对人本能被控制后出现的生命危机和自然危机所具有的毁灭性，还认识到以审美建构的新感性可以唤醒人的解放意识，平衡“单向度的人”的片面发展，从而超越“单向度的人”的辩证发展。尽管马尔库塞看到了审美在人类形而上学中所具有的否定性、批判性和超越性向度，但是他却没有像马克思那样将理论用一个关键概念或范畴一贯化、体系化，也没系统分析审美理论的形而上学与形而下学之间的关系，因此，他受到猛烈批判。例如，在建构审美理论时，马尔库塞所贡献的批判性范畴如“爱欲”“新感性”“新技术”等对揭示发达工业社会的现代性特征具有丰富的所指意

①马尔库塞. 马尔库塞文集：第三卷　新左派与20世纪60年代[M]. 陶锋，高海青，译. 北京：人民出版社，2019：2.

义,但是他仍未走出现象学的理论框架。因此,他的审美理论并没有像马克思的唯物史观那样能深刻把握发达工业社会高度异化的本质。

其次,没有系统化的审美理论导致其中的本体与方法发生内在冲突。马尔库塞继承了马克思实践哲学的理论精髓,融合了康德美学和弗洛伊德的本能理论,形成"新感性"下具有政治导向功能的审美理论。他选择以美学作为激进变革社会力量的原因在于,美学具有符合人内在潜能的"无规律的合规律性",也就是"爱欲"。这种对美学进行的社会本体论上的建构是和马尔库塞整个社会批判理论的建构旨归相一致的,但是美学的本体论建构如何可能?审美理论所具有的实践理性是怎样的?这一系列问题马尔库塞并未给出解答,这就导致很多批评家认为他的政治美学具有一种审美功用主义。尽管马尔库塞始终强调其审美理论的政治导向性基于审美与政治领域的相对自律性,但他仍因美学泛化倾向遭受批评。正如李泽厚所言:"把什么都看成美学,等于取消了美学。"①

马尔库塞即使为审美理论提出了一些实践性的方法,但因没有形成系统化,所以其蕴含的实践理性无法在论证中充分展现。例如,他提出通过美育教育来形成新感性的观点,由于没有对其进行精确的论证,使得很多学者提出这样的问题:美育教育是否会形成一种新的意识形态?马尔库塞批判大众文化中服务于极权统治的虚假性,对此提出可以通过美育来培育人的新感性。虽然马尔库塞把美育看作具有否定和超越意义的纯粹形式,但是这种纯粹形式能否将人的感性活动与理性活动同时兼顾发展?否定性、批判性、超越性是审美理论的抽象表达,在不同历史时期内的发展是否始终具有永恒的纯粹形式?如果不是,那么它本身就缺乏严密的论证;如果是,那就陷入了先验论。因此,马尔库塞的审美理论没有系统的方法加以论证,很难具有实践性。除此之外,美育作为教育的一种手段,本质是指向知性的,能否在认知的过程中形成审美能力还取决于人的个体差异,并且美育的教育者由谁来担任?弗洛伊德认为,文明来自对人本能的压抑,教育同样压抑人的本能,由苏格拉底曾被判处"毒害青年"的事件可知,教育本身并不是一

---

①李泽厚.华夏美学·美学四讲[M].北京:生活·读书·新知三联书店,2008:257.

件简单的事。人类解放需要审美，但是它的出现应该与人类社会历史发展的规律相吻合。

马尔库塞的先验主义立场是不明朗的，当论及艺术想象具有真理价值并能真实反映现实的观点时，他说："反对普遍概念的含混、模糊和形而上学特征，坚持常识和科学观点的为人熟知的具体性和可靠性，是某种原始焦虑的流露……未加清洗的经验似乎比分析哲学同抽象概念和普遍概念更加亲切；它似乎是深深地植根于形而上学世界中的。"①马尔库塞认为，马克思的理论中仍保留着观念论批判、先验的成分，但马克思是以"消灭资本主义和用社会主义制度和关系取而代之的革命实践为前提"②的。马尔库塞虽然站在马克思主义实践哲学的立场上进行审美理论建构，但却没有设立与马克思理论相同的前提，也没有把握住当代审美理论建构的本质，所以他的审美理论才表现出本体与方法的内在对立，以及总是摇摆在先验主义和经验主义立场之间无从选择。

二、缺乏重视历史主体的否定性力量

从《理性与革命》《爱欲与文明》对无产阶级内在否定性的积极肯定和对无产阶级是解放的历史主体抱以坚定的信念，到《单向度的人：发达工业社会意识形态研究》中寄希望于那些"不抱希望的人"的悲观态度，再到《肯定性文化》中强调艺术是革命的天然形式并具有社会政治功能，马尔库塞一直在思考无产阶级能否成为新的历史发展阶段的历史主体这一问题，但他给出的答案却并不具有一贯性，会随着不同时期思想的发展而改变。正如《马克思主义与自由》一书的序言中马尔库塞提到的，无产阶级作为一个真正的辩证概念具有特殊生产方式、政治状况、政治意识三个基本要素，而"这三个要素中的任何一个发生了历史的变化（这种变化确实已经发生），都会要求一种彻底的理论修正。"③马尔库塞认为发达工业社会显示出与此前不同的

①马尔库塞．单向度的人：发达工业社会意识形态研究[M]．刘继，译．上海：上海译文出版社，2020：167.

②马尔库塞．审美之维[M]．李小兵，译．上海：上海译文出版社，2001：134.

③杜娜叶夫斯卡娅．马克思主义与自由[M]．傅小平，译．沈阳：辽宁教育出版社，1998：序.

新变化，它已不能再将无产阶级作为变革社会的历史力量。因为大部分工人阶级已被资本主义同化，丧失了否定性、批判性和超越性，不再是马克思时期的传统工人阶级的概念。

马克思曾在分析德国社会解放之可能时写道：“无产阶级宣告迄今为止的世界制度的解体，只不过是揭示自己本身的存在的秘密，因为它就是这个世界制度的实际解体。”①无产阶级受到资本主义社会最黑暗、最底层的压迫，经受了社会最普遍的苦难和不公正，因此它的解放代表的是全人类的解放，它所对立的是资本主义社会不合理的制度，而不是具体哪个国家。在资本主义社会下，人不具有全面发展的可能，只有通过无产阶级在一切社会领域中解放自己并解放一切社会领域，才能实现完全的人的全面发展。马尔库塞将历史的希望寄托于发达工业社会中少数否定性力量，忽视了无产阶级的社会主体性地位。这会使他所设想的解放之路不甚明朗，更何况，少数否定性力量本身具有摇摆不定，发展未明的特性，其本质上难以承担社会的使命。确实，在发达资本主义社会中，工人阶级的阶级意识、组成成员、社会作用等与传统时期的工人阶级大不相同，马尔库塞精确把握了这种变化的特点，这是具有历史贡献的。但是只要资本主义私有制的社会制度不改变，工人阶级的剥削地位就不会改变，因此，马克思关于无产阶级解放的理论仍是有效的。马尔库塞所设想的艺术变革社会具有一定合理性，但我们也应该看到艺术只是革命的一个有限领域，它并不代表全部；少数知识分子以及社会中“不抱希望的人”也具有革命的意识和力量，但他们也是社会群体中有限的一部分力量，并不代表全部；要实现资产阶级社会人的全面解放，最终仍由工人阶级来承担并完成这一历史使命。

三、缺乏文化、政治、经济、意识形态复合关系批判的视角

首先，马尔库塞在政治经济学批判与意识形态批判之间徘徊。马尔库塞虽然继承了马克思政治经济学批判的精髓，但是根据晚期资本主义工业

①中共中央马克思恩格斯列宁斯大林著作编译局．马克思恩格斯选集：第一卷[M]．北京：人民出版社，1995：15．

一体化发展的特点，以及他对马克思博士论文等书中资本主义意识形态批判的深刻解读，他最终将社会批判的起点设在意识形态上。因此，马尔库塞的社会批判理论既保持着形而上学层面的辩证哲学维度，又延续着以实践为导向的政治经济学批判传统。马尔库塞认为，意识形态作为一个总体性范畴，不仅涵盖社会生活和感性意识领域，更将科学技术纳入其中。这种重构打破了传统认识论中科学与意识形态的二元对立，进而在发达工业社会的极权主义统治下，意识形态领域同样表现出单向度的特征。可以看出，马尔库塞对晚期资本主义社会进行批判的基础依然是马克思政治经济学批判，但是为了刻意反对经济决定论反而忽略了政治和经济的要素，这不免使他的社会批判理论的部分内容陷入抽象、思辨的困局。马尔库塞从马克思博士论文、《1844 年经济学哲学手稿》等中挖掘出马克思对意识形态的深刻批判以及对人的异化问题的深层次剖析，但是却没注意到马克思在《德意志意识形态》中思想已发生转变：意识形态只不过是人类历史当中的一个方面，意识形态的批判是具有历史局限性的。马尔库塞在马克思的部分理论著作中看到了与他社会批判理论不谋而合的地方，但是却忽略了一个关键问题：马克思的理论是系统化的，他对资本主义的批判也是多方面的。意识形态与社会其他领域之间是多重关系性的存在，它们之间或相互渗透或彼此制约，而人是一切社会关系的总和，生产关系是一切社会关系的基础，所以忽略经济、政治因素去谈论意识形态并不能将具体实践付诸行动。阿格尔曾评价道："法兰克福学派留给我们的是对以虚假需求、工具理性和日益衰落的个人等概念为基础的支配批判。虽然他们的批判可能敏锐地捕捉到现代政治的若干方面，但它对工人怎样能够着手改造发达资本主义却说得很少。"①在全球化时代的今天，科学技术是各民族、国家维护自身利益时选择的一种必要手段，它除了会给世界带来和平和战争这两种可能性，还会带来其他可能性，这完全取决于政治家和利益集团的最终抉择。所以，仅从意识形态和科学技术层面进行社会改革从而实现人的理性与感性的解放，这似乎并不全面，也并不乐观。

---

①阿格尔. 西方马克思主义概论[M]. 慎之，等译. 北京：人民大学出版社，1991：237.

其次，马尔库塞没能继续坚持走完政治经济学批判的道路。对晚期资本主义社会呈现的新特点、新趋势、新矛盾与冲突，马尔库塞进行了全面的关注，但是没能深入到政治经济学批判的领域再次揭示晚期资本主义社会异化的本质——劳动者与劳动对象相异化，这反映的现实问题就是资本与精神的对立。技术理性和物化发展带来物质生活的丰富，却使人的精神生活匮乏，物质对精神形成的这种束缚、捆绑的负面作用与日增强。马克思在整个西方现代性的进程中通过政治经济学批判揭示了二律背反的本质，即物质丰富与精神匮乏之间的内在否定性。马克思认为，劳动者“在自己的劳动中不是肯定自己，而是否定自己，不是感到幸福，而是感到不幸，不是自由地发挥自己的体力和智力，而是使自己的肉体受折磨、精神遭摧残。”①资本主义私有制导致的劳动异化问题是马克思从政治经济学批判领域考察出的重要问题，而这种劳动异化问题直到晚期资本主义社会仍然存在，只是存在的方式变得更巧妙和隐匿。马尔库塞的贡献就在于，透过虚假繁荣揭露发达工业社会内部发展并不平衡的本质，即劳动异化问题，工人阶层变为白领阶层但本质上还是“奴隶”。但是他并没有沿着这条路径继续探索该如何解决这种劳动异化问题，以实现新型工人阶级的解放，而是从意识形态领域中的心理、意识、语言、审美等方面寻求解决之道，使得本来从政治经济学批判领域发现的问题尚未被解决的同时，因为其理论无法一贯化而产生出另一些无法解决的理论问题和矛盾。

马尔库塞推崇打破学科壁垒，寻求解决社会本质问题的方法。诸如，他此前提出“新技术与新科学”的观点，但哈贝马斯对此就持反对态度，认为技术源于劳动，是人类在劳动过程中形成的知识和实践相结合的新形式，并不是维护统治阶级秩序的意识形态，因此不可能出现超越人类实践本身的、可替代的、可以实现解放的新技术。他说：“如果说技术的发展遵循一种与目的理性和能够有效控制的活动结构相一致的逻辑，即同劳动的结构相一致的逻辑，那么，只要人的自然组织没有变化，只要我们还必须依靠社会劳动

---

①中共中央马克思恩格斯列宁斯大林著作编译局. 马克思恩格斯文集：第1卷[M]. 北京：人民出版社，2009：159.

和借助于代替劳动的工具来维持我们的生活，人们也就看不出来，我们怎样能够为了取得另外一种性质的技术而抛弃技术，抛弃我们现有的技术。”①哈贝马斯还认为，马尔库塞所提出的“新自然观”犯了偷换概念的错误，因为自然和人之间是平等的伙伴关系，并不能用人类劳动领域中的语言对其进行描述和解释，劳动和技术只能把自然作为对象，统治和解放这两个概念也无法与自然相关 。我们对马尔库塞在这些概念运用上存在的问题暂且不做深入研究，但从中可以看到，他在离开政治经济学批判路径后的各种努力和尝试中所遇到的理论理性和实践理性对其进行了双重考验。

马克思从社会存在的本体论出发，通过各学科不断融合，试图寻找人作为“类”存在的解放之可能。他提出的社会主义为先进阶级打开了一个全新的世界观。无产阶级作为人类历史发展的产物是具有先进性和先锋性的。因此，要建立无产阶级专政或建立一个崭新的社会，就要用无产阶级的革命力量才能实现。

①哈贝马斯.作为“意识形态”的技术与科学[M].李黎，郭官义，译.上海：学林出版社，1999：44.

第三章 马克思主义文化哲学中国化的基本内容

第一节 中华优秀传统文化中的互动文化哲学

一、传统文化中的互动文化哲学

《易经》即《周易》,分为《经》和《传》两部分。它的重要价值在于哲学思想方面,即阴阳互动变易的朴素辩证法思想及宇宙论。《易经》以阴阳互动变化阐释宇宙的生成、发展及演变规律,博大精深地推移演化,以致无穷的智慧既可以阐发出儒家刚健奋斗的伦理精神,又可以阐发出老子阴性哲学的柔韧,也可以阐发出法家缜密周详的理智态度以及阴阳家五行相生的自然观。《易经》创造性地构建了以阴阳互动变化思想为核心的世界观,是儒家六经中最高造诣的哲学经典。在《易经》中,阴阳作为推动宇宙万事万物生成变化的基本元素而存在,它们支配着万事万物此消彼长的关系运行,具有形而上学的哲学思维性质。

《易经》的宇宙观在对客观自然社会认识的基础上,强调主体对客体的情感感受。主客体之间并不具有明确的界限,二者可以在互动关系中彼此渗透,主体的精神、情感由此得以投射到客体的对象上。

作为整体上直观把握宇宙变化规律的占卜之书,《易经》把握到了万事万物"相互变易"的完整性,但缺乏对微观之物精确的研究,如自然科学中的物理、化学、生物等门类。西方自然科学通过对"量"和"质"的研究,将宇宙分割为互不相关的科学领域，虽然取得了极大的成就，但是并未把握住宇宙的整体性。中国《易经》对宇宙整体性的把握与西方科学对微观世界的精确研究之间存在着深刻的辩证互补关系。这种关系在量子物理学领域表现得尤为显著——诺贝尔物理学奖得主尼尔斯·玻尔在研究量子互补性原理时，发现亚原子粒子的波粒二象性与《易经》阴阳太极图的辩证结构具有惊人的相似性，因而将太极图作为其家族徽章的核心图案，以此向东方智慧致敬。

二、中国多元文化与统一文化分合互动的历史关系

吴炫教授在《中国创造性文化的特性及其存在形态》一文中认为："学术界需要将西周文化、秦汉文化、元代文化、明代文化、清代文化与殷商文化、先秦文化、魏晋文化、唐宋文化、北洋时期文化结合起来，才能看出中国文化内部一直存在着的尊重生命、生命力、个体创造、多元共生的文化因子，与生命、生命力、创造力的伦理统一的文化哲学之间的'互动'性关系。这种可以开启'中国文化'新的理解方式的'互动关系'，在中国历史发展中被日常化地描述为'分'与'合'，从《易传》的'阳上阴下'的思维去看，'合'是正面的历史评价，而'分'是非正面的历史评价；而从'八卦对等互动'的思维去看，'分'与'合'是两种类型的文化对等交流的历史形态，并无高低优劣之分。一般说来，殷商、春秋、先秦、魏晋、唐宋、北洋文化是'分'的历史时期，文化思想呈现多元化状态，社会形态也相对丰富复杂；而西周、秦、汉、元、明、清总体上是呈现'合'的历史时期，文化和思想相对统一明晰。'分'与'合'的历史时期虽然各有长短，但大致呈现波浪形的演变轨迹。"①

中国历史形态之所以也是中国文化的内在结构，是因为阴阳互动文化哲学可以展开各种纬度的实践形态。"分合"之所以是"阴阳"的外在表征之一，是因为"—""--"本身就可以有"合"与"分"的理解，而且从先天八卦浑天说春夏秋冬的角度来说，月有阴晴圆缺本身就是"分合"关系，圆之合与缺之分使得春夏秋冬四象形成互动关系，在互动关系中没有任何一卦是起决定

①吴炫．中国创造性文化的特性及其存在形态[J]．文艺理论研究，2020(3)：9.

作用的。这种理解在广义上可以拓展为自然界和人类社会普遍的矛盾运动之分与合，在狭义上则可以拓展为中国文化哲学处理各种不同性质事物关系的“收”与“放”之张力。“合”可以理解为一种性质事物受其他性质事物的制约之“动”，在中国文化中可以形成儒家和法家的现实的政治的伦理规范力，在马克思主义政治经济学中也可以理解为经济的决定性作用，在马尔库塞技术批判理论中则可以理解为政治化的技术一体化起决定作用。而“分”则可以理解为不同性质事物挣脱起决定性事物的制约力去获得自身的价值，在马尔库塞的“超越单向度的人”中则是感性生命中的爱欲等起分离于技术权力一体化之作用。所以我们在中国文化历史中就能看到，战国自然就是“礼崩乐坏”的“分”之时期，但正好在这一时期催生了中国先秦诸子的百家争鸣，造成中国文化的初期辉煌。但是运用“分合互动”和“阴阳互动”的思维，我们还可以进一步把握“合”的时期与“分”的时期也存在内在的“分合互动”。如周、唐、宋时期有形式化的“合”，但内在文化结构又是“分”的。春秋五霸并立的关系和儒道佛并立的关系是其表征。战国之“分”的时期，思想文化则“合”于《易经》凶吉思维，这是先秦诸子均在大利和私利上考虑哲学问题的原因。这样的“分合互动”甚至可以渗透在哲学家、文学家的思想活动中，如苏轼尊重儒道文化的外在之“合”，但内在哲学则是自己的“随物赋形”之生命变化观，突破了《中庸》之“大德”之“分”。

把“分合互动”放在政治与经济、文化与生命、技术与人性的关系中，中国文化哲学倾向于认为上述二元范畴既不是对立的关系，也不是从属的关系，而应该是互动的关系——在互动的关系下不会产生马尔库塞“单向度的人”之问题。这实质上要求探究：在政治-经济-技术系统高度整合的总体性格局中，感性生命与人性内涵如何实现自主性分化，并与该系统整合形成辩证互动的动态关系。马尔库塞的悲观在于：现代政治-经济-技术体系通过工具理性文化，将人性对快乐的追求收编为体制的附属品，而感性生命更为复杂的维度——包括生命感觉的差异性、意志的自主性以及无法被技术化处理的原始爱欲——却遭到系统性忽视和压抑。这种批判既揭示了当代文化哲学必须对技术统治制度进行创造性变革的紧迫性，同时也提出了一个更深刻的命题：任何真正的变革都必须重新思考如何尊重生命的整全性——这种复杂性远超出爱欲解放的单一维度，而涉及存在论意义上的多元可能性。只有在政治、经济、技术一体化的制度创造性地改造完成的情况下，生命才能形成自己的政治经济和技术文化，并与外在于自身的政治、经济、技术产生“互动”的关系。这种植根于中国传统文化的问题解决思路，必然逻辑地导向对阴阳互动文化哲学的当代重构——在保持阴阳辩证内核的前提下，中国当代多元对等互动的文化哲学实现了对传统二元互动范式的创造性转化。

第二节　中国当代多元对等互动文化哲学建构

中国当代文化哲学的理论建构，作为人文社会科学确立自身主体性的奠基性工程，其核心议题在于：通过对中国文化本源性符号系统——先天八卦的哲学诠释，系统性开掘《易经》占卜体系蕴含的宇宙认知模式、《易传》“天尊地卑”命题包含的秩序建构逻辑，以及《道德经》“负阴抱阳”思想揭示的辩证运动法则，最终实现传统智慧与现代性问题的创造性对话。理论研究既要突破西方二元对立思维框架，又要突破传统儒道思想的等级性哲学范式。这项工作在国内部分学者的研究中已经展开，但理论性成果还在建构过程中，本书吸收其基本文化哲学观念“多元对等互动”，与马克思主义文化哲学关于人的解放目的论，进行融合性思考，尝试将思考成果运用于对马尔库塞技术批判理论的审视性研究。

一、对等互动文化哲学探索

伏羲“先天八卦”作为天文观测的原始符号，既是中国文化符号诞生的标志，也是中国儒道文化产生的基础。

伏羲借太阳升起又落下形成的“早晨、正午、傍晚、子夜”之循环性运动的四个方位创立“四象”，这就是连山易“艮”为首的来源，也是“四卦”的初意。而“圭影长短”是太阳在不同方位在“测杆”下形成的“阴阳”变化，这是先天八卦连山易的原始图式。长久以来，中国哲学界在对天理和人道的关系进行研究时一致推崇《易经》的解释方式，即由“阴阳生八卦叠加六十四卦”将不同事物理解为阴阳不同的表现形态，但如果将八卦中的“—”和“--”看作材料性的存在，那么阴阳与八卦之间的关系还具有创造性阐释的可能。吴炫教授的相关研究初步确立了“八卦通阴阳”的哲学思维。

人类通过劳动创造出区别于自然界的人化自然和社会，但这种创造并不等于人类可以完全驾驭自然界，自然界的生命运动所具有的内在稳定性与人类文化创造活动的内在稳定性是不同的，“生命的运动循环特性不可能被人类终极征服和改造，而只能对等性地被尊重，人可以利用自然资源作为创造和发展的材料，但必须尊重自然界的自发性、运动性和循环性，这应该是由‘天人对等’的理念才能产生的世界观”①。人们由这种天人对等的世界观反过来再看太极八卦图，就会获得一种“八卦对等”的启示，从而产生出“‘不同文化对等’的象征意味”②。

中国文化的创造性在于改变相同材料之间的结构关系。从《易经》《道德经》到《东坡易传》，虽然人们对伏羲八卦的阐释内容随着历史时代的更迭有所变化和发展，但是所运用的“—”“--”两种符号却从未被改变。运用相同的材料却可以创造出不同的文化（卦象），说明中国传统文化创造的关键不在于材料的创新，而在于材料之间结构关系的改变，只有结构改变才能产生不同性质的事物。对既往文化中现实材料的尊重、继承和发展，或许也是中国传统文化能延续几千年长久不衰的奥秘所在。

中国人善于从不同性质的文化中吸取利于自身发展的材料性内容的文化经验是有历史可循的。把材料内化于自身的文化结构会形成新材料，所以儒释道三家思想可以相互借鉴和融合，但各自的性质却并没有因此被改变。

世界各种文化之间本就因为世界观的不同而各有其稳定的结构，正如儒家文化有自己的世界观且有稳定结构一样。不同文化之间可以在材料的

---

①吴炫．创造·对等·互动：“阴阳八卦”关系新探[J]．江海学刊，2020(3)：22.

②吴炫．创造·对等·互动：“阴阳八卦”关系新探[J]．江海学刊，2020(3)：22.

意义上相互借鉴吸收，这就是文化之间对等互动的方式，而且彼此不会因为这样的吸收而被对方改变和同化，所以文化之间不是征服和同化的关系。我们在借鉴、汲取西方思想的同时更要清醒地认识到不能以西方任何文化原理作为中国现代文化的性质，既不依附传统文化也不依附西方文化，只有培养出自身创造文化的能力，才能与不同文化产生“对等互动”的关系，故中国现代文化的自信力是创造现代中国文化哲学的自信力。

中华文明中的长江流域、黄河流域、西辽河流域、浙江良渚、湖南高庙、四川三星堆等地产生了不同性质的文化，它们并不是由一种文化生成的多种文化，而是各自有自己的价值观，相互之间形成互动交流的状态。希腊在经济上并不强大，但其文化影响力遍及整个西方世界。弱势文化因为有自己的思想和信仰，即使经济衰落也不可能被其他文化所征服或同化，反而有可能影响其他强势文化，这也是文化之间对等互动之证明。

我们要在“对等互动”的意义上理解文化的生生不息：庙堂儒家文化借助历代统治者的权力生生不息，民间个体创造文化借助思想创造在影响力上生生不息。所以文化的规范性延续与文化的影响力延续之间其实存在各有长短的“对等互动”。

二、中国个体创造性文化与儒道群体性文化的对等互动

伏羲“先天八卦”既尊重自然天象的现实规律又以哲学性的方式改造现实，创造文化。这是一种中国式的隐性文化创造经验，这种经验被延续下来，在殷商、先秦、魏晋、唐宋、明清以及近代中国，都曾出现过“整体中的个体创造”和“利用前人的创造进行内在的再创造”。隐性的个体思想创造是指在尊重既定思想现实的同时又对其内在进行改造，在尊重儒家“宗经阐释”模式的前提下通过文本的深层结构完成自己的哲学创造。庄子、司马迁、苏轼，都是通过尊重儒道哲学又内在完成自己对世界的独特理解而提出了影响世界的思想。由于中国文化具有区别于西方二元对立文化的整体性特征，因此中国文化的创造者就不会以“拒绝”“反抗”“轻视”的态度批判现实世界，而是在尊重、接纳现实世界的同时又对其内在进行改造，这既是中

国传统文化中个体实践的成功经验，也是对改造西方二元对立、个人主义、理性主义具有启示意义的文化经验。这样的经验同样构成中国文化哲学创造的“内在对等互动”关系。

(一)庄子内心“无待”哲学与儒家和老子哲学对等互动

道家文化之所以能够在民间构筑起来一个可以随意表达个体化理解世界的场域，首先是老子低调哲学“不介入”所具有的包容性奠定了个体“独善其身”生存状态的基础，而庄子突破老子哲学所提出的“无待”和“自适其适”则是进一步实现个体内在独立性的关键。庄子批判改造老子哲学之处在于将哲学问题从“天下政治关怀”转向“天下个人关怀”，并将个体的自由问题落实在个体的内心世界，例如，对老子将天下之道的实现寄托于圣人的思想，庄子进行了内在的批判性改造，提出“圣人不死，大盗不止”①，个人的价值取向由依附外在力量转变为以个体自身力量为主。除对道家哲学具体问题的突破性改造之外，庄子对儒家的孝、悌、忠、信、仁、义等思想也做了否定性批判，认为它们对人道来说是灾难，更应该被弃绝；像是老子“低调之我”的凶吉智慧，某种程度上暗合了儒家思想的规范性和整体性，应该被审视性改造。因此，庄子提出“天地与我并生，万物与我为一”(《庄子·齐物论》)的观点，以自我对世界的同化力对儒道认同的外在依附力量进行了突破，使中国传统文化在个体内心化自由方面具有了文化哲学的现代意义。庄子不仅对个体外在力量不再依附或迎合，对个体的“形体世界”也同样进行突破，使得个体的自我世界成为纯粹的“内心世界”，这样一来“形体世界”中的欲望和情感也就可以得到内化从而属于个体内在之事且不再受外在世界的影响。所以，“无待”②分割了自我与外界事物的关系，“自适其适”③将选择的自由交给自己的意志，“逍遥”④则是个性解放的审美状态。与建构政治哲学的老子相比，庄子所提出的这些哲学观念都是对老子所进行的批判

①陈鼓应. 庄子今注今译[M]. 北京：商务印书馆，2007：302.

②陈鼓应. 庄子今注今译[M]. 北京：商务印书馆，2007：20.

③陈鼓应. 庄子今注今译[M]. 北京：商务印书馆，2007：200.

④陈鼓应. 庄子今注今译[M]. 北京：商务印书馆，2007：6.

性改造的标志。如果用具象之物“水”来阐释庄子这些抽象的哲学观念，即庄子所云“人莫鉴于流水而鉴于止水，唯止能止众止”①。“止水”表现的是弃绝外界事物后内心的宁静、永恒，它不含有个体影响或改变世界的意图或可能，仅保留个体的内心体验，是相对于老子“水往低处流”之“流水”更为批判的思想。

从老子的“对君王一人言”到庄子的“对天下人言”，在“入世”与“出世”之间，庄子断然对附着在庙堂之道的人之欲望全部抛掉，在困苦贫寒的生活中寻求个体内在世界的自由。例如《庄子》的内七篇中，《逍遥游》为真正的自由立意；《齐物论》阐释万物同一；《养生主》以外在形体障碍的突破揭示生命真谛在于“内”；《人间世》表明人在乱世中避害的方法；《德充符》表明精神可以超越形体的局限；《大宗师》言明万物主宰与“道”的关系；《应帝王》主张天下无为而治。庄子始终在探寻个体解放之可能。而从马克思的政治解放、劳动解放、人的个性解放的论证中可知，个体解放是人类解放的重要标志，而在无法实现政治、劳动双重解放的中国战国时期，庄子通过“无待”具体实践了个体解放之何以可能，具有一定的现代性文化内涵。由于资本主义的历史发展是以科学技术理性发展作为重要的内在逻辑，因此在人的全面自由的解放问题上会出现原子式个体独立的现象，但这并不等于资本主义社会实现了马克思所说的人的个性的自由解放。个体由早期资本主义社会时期的肉体劳动转变为发达工业社会时期的精神劳动，极权统治也由对部分领域的控制达到对全面领域的控制程度，因此意识形态领域实际上是不自由、被约束的状态，个体在作为“工具人”或“单向度的人”存在时表现出的自由仅在被榨取剩余劳动价值后短暂的生理休息时间，由劳动异化所导致的个体不自由状态实际上要比庄子所处的战乱昏暗时期更严重，也就是发达工业社会下个体的“身”与“心”皆处于不自由的状态。同样是在政治极权统治下表现出的个体反抗无力，庄子的“无待”是可以摆脱外在物质世界和人的欲望的束缚而发挥人的主体性创造，生成中国式隐性文化创造经验的相对积极的实践方法。按照马尔库塞所说的“不抱希望的人”恰恰是希望

---

①陈鼓应．庄子今注今译[M]．北京：商务印书馆，2007：172．

所在,那么如果"不抱希望的人"只是进行消极的外在反抗、拒绝,但并无内在的主体性创造经验生成的话,又拿什么燃起这本就微光的星星之火?所以,"无待"的创造性在于:将个体与外在世界进行分割后再进行个体化理解世界的创造性实践,可以在个体内部生成独特的与外在世界对等互动的生命力量,而这样的个体即使是孤独的,力量也并不弱小,因为他具有以一己之力对抗世界的能力和自信,这比直接反抗、否定、拒绝更具有超越性的智慧。

(二)司马迁关于人的缺陷和平等哲学与儒家仁爱哲学对等互动

隐性的个体哲学创造是以尊重既定现实思想和规范为基础,并将既有传统文化视为可汲取养分的材料进行独特改造的批判创造性活动。它并不排斥或拒绝某种思想或文化,而是以不破坏文化整体性为前提进行个体化理解世界的创造,内在具有中国式哲学创造的温和性、敦厚性以及启示性。在庙堂文化占据主流地位的时代,个体化的哲学创造往往不受重视,如果仅看重文化的现实层面内容,那么这种"另类"则有可能始终掩埋在文化的隐性层面而无人知晓。实际上,中国式隐性的个体哲学创造避免了西方激进个体与现实相冲突的矛盾,并内在消解了西方二元对立的创造形式,它使中国的整体性文化既不会出现分离化、碎片化的现象,又能在整体性文化内部形成多元对等的结构,使中国人的内心自由世界与外在文化世界保持彼此的对等互动关系。在尊重前人文化创造的基础上开展个体独特的创造性活动,既体现了中国个体深刻认识宇宙世界整体性和多元性的经验和智慧,也说明了中国的文化创造具有区别于西方文化的非断裂性特征。当然,在继承前人文化时,目前有个性化阐释经典和阐释并内在改造经典两种方式进行文化延续。个性化阐释经典,例如《易传》《道德经》《庄子》等各种版本的注疏。阐释并内在改造经典,例如《史记》《东坡易传》等。如果要形成一种突破既定文化各种规范和束缚的具有世界影响力的创造,个体的创造能力和智慧就要力求不受政治、经济等时代环境因素的影响,贫穷与否并不是决定创造是否可能的主要问题,创造能力和智慧被压抑也不影响个体突破既有文化框架实现个体化理解世界的决心。所以,诸如西方理性这样对中国具有强势影响力的文化并不能左右中国个体创造的能力，中国传统文化的规范性也不是个体无法突破创新的理由。个体创造的确会受到社会历史因素的决定和影响，但是个体内在的感性力量也可以说明创造取决于自身，二者之间是对等、平衡的辩证关系。

正如司马迁对儒家“仁爱”思想的认同，全部体现在《史记》的撰写上，他是以纪传体通史的形式完成“史家之绝唱，无韵之离骚”，突破了以往《左传》编年体史书、《战国策》国别体史书等经典写作范式。在《史记》卷四十七《孔子世家》中，司马迁将身为布衣的孔子放在此处记载，对孔子一生的思想发展做了详细的记述。在司马迁笔下，孔子并不是完美的圣人，也曾为突破和创造个体性价值辗转流浪在乡野，是努力传播自身思想的落魄者、孤独者。在评价孔子时，他说：“自天子王侯，中国言六艺者折中于夫子，可谓至圣矣。”他对儒家的尊重甚至对孔子的尊重表现在他并不以历史人物的出身作为记载“本纪”“世家”“列传”的唯一标准上，而在尊重儒家“一视同仁”的基础上创造性地改造为以“一视同人”作为实践原则。司马迁虽承儒家“立言”之志，却以“成一家之言”突破了集体叙事的桎梏。其以“人”为本的历史书写，不仅颠覆了“仁”的伦理优先性，更奠定了中国史学中人文精神的埋论基石。他将平民、商贾、妇人首次写入历史，并注重对历史人物自身的复杂性和局限性的描写，如西楚霸王项羽，虽然最终败给刘邦并未成为帝王，但他以历史价值对其衡量后也将其列入“本纪”。司马迁并未以儒家等级性观念和“代圣人言”的“宗经”思维著书立说，也并未以历史事件的兴衰成败来定义人物的历史价值和意义。所谓的“人”，既有大写的群体之人，也有小写的个体之人，但他更注重个体在历史中的创造性价值。“这种改变，在中国文化思想史上具有中国的人本主义或人道主义原创的意义”①。

进行个体化理解世界的创造性活动时，个体内心会处于孤独和不被理解的状态，正如司马迁在《报任少卿书》中所描述的那样，“盖文王拘而演《周易》；仲尼厄而作《春秋》；屈原放逐，乃赋《离骚》；左丘失明，厥有《国语》；孙

---

①吴炫．中国创造性文化的特性及其存在形态[J]．文艺理论研究，2020(3)：4.

子髌脚,《兵法》修列;不韦迁蜀,世传《吕览》;韩非囚秦,《说难》《孤愤》"①。司马迁在忍受身心所遭受的折磨后郁愤而著《史记》,不仅是为了完成先父遗愿和履行史官的历史责任,更多的是来自内心"成一家之言"的创造信念。同时,司马迁以完全尊重历史事实为准而不以政治伦理粉饰历史事实的态度,生动还原了自盘古开天辟地至西汉以来的中国历史原貌,在宫廷之内为官却仍保持民间个体的独立思想,即使在董仲舒"大一统"学说面前个体化的创造经验受到抑制和排挤也仍然逆流而上,成为尊重现实又改造现实的中国式隐性文化创造经验的又一典范。更为重要的一点是,"成一家之言"是司马迁的"独创之言",他所开辟的以"人"为核心的纪传体通史书写范式具有中国文化哲学批判创造性的意义与价值,"而我们忽略了司马迁这种创造性哲学的研究深化,是今天的中国学者不知道该怎么样从哲学上去立一家之言的原因"②。

从诸子百家起直至今日,通过个性化阐释儒释道经典而对中国传统文化进行延续的学者有很多,但是鲜有倡导进行不同于儒释道和先秦百家的哲学创造。儒家的伦理功利性思想无法使中国现代文化寻找到超越功利现实的道路,而司马迁的个体化理解世界的创造经验却可以为我们提供超越儒家伦理功利性思想的范本。虽然司马迁是董仲舒的学生,但他却并不赞同董仲舒的"天人感应"学说,此后也并未在《史记》中为其扬名立传。他在公开场合从未反对过以董仲舒为代表的儒家文化,但是他通过"不提及"的方式而不是直接"对抗"的方式表明了自己对老师的观点和态度的不赞赏。看似司马迁继承了《左传》的"三立"传统,但不同于《左传》中"代圣人言"的立意,司马迁以尊重史实之真为记载之本,并按还原历史事件的真实需求选择妇女、商贾、刺客、隐士等人入卷,创造性地在历史问题上开拓了"人人平等"的写作范式。"人人平等"作为西方概念并不是在中国传统文化土壤中孕育出来的,但是在距今两千年前的西汉时期,因为有司马迁的"成一家之

①严可均.全后汉文[M].许振生,注.北京:商务印书馆,1999:269.

②吴炫,张丽锋.文学经典的批判创造性解读[J].湘潭大学学报(哲学社会科学版),2021,45(2):108.

言”而萌芽生长，成为个体化哲学创造实践的典范。所谓现代性的历史书写，就是要突破“宗经”思维实现“人人平等”的个性解放，某种程度上这既是一个社会历史发展过程，又是一个个体自觉自为的过程，而司马迁在撰写《史记》时所呈现出来的“人人平等”，实际上是以潜在含蓄的方式实现的，他本人并未公开说明自己记载历史是为了体现“人人平等”。

所以，选择以尊重、接纳的方式进行材料的再创造会比以反对、拒绝的方式删减材料后再创造更能创造出丰富的内涵。上至对中国传统文化及历史发展的尊重和接纳，下至对历史中个体自身的尊重和包容，本身就具有既批判又创造的张力，“取其精华，去其糟粕”的“取”固然是重点，但“去”并不是全扔掉，而是“不提及”。只有在保证文化整体性的前提下，才能实现文化多元对等的创造发展。马克思认为，人类社会历史的发展具有辩证唯物主义的方法论，而“此一时彼一时”的中国谚语也很好地说明了凡事“利与不利”皆会随着历史发展的变化而变化。当下的眼光可以往回看，但并未能准确预知未来，所以，不论是“精华”还是“糟粕”，都会有相互转化的可能，“去”之实为可惜。如司马迁的《史记》，因为尊重历史事实，所以就会尊重历史中的每一个个体，对个体身上的缺陷或复杂性也力求真实书写。在《项羽本纪》中，司马迁通过对真实细节的刻画揭示了项羽无法称帝却又是位可歌可泣的英雄的内在原因。与刘邦相比，项羽多了性情与肝胆相照的义气，但是缺乏雄韬武略和韬光养晦的治国手段；与项羽相比，刘邦品格缺陷较多，但是能笼络住老百姓的心，并且能在登基后休养生息，为此后文景之治的到来奠定了坚实的基础。司马迁的记录使我们能够以辩证的、历史的眼光分析历史及历史人物——帝王将相不再是“君权神授”的完美塑造者，而是可以有缺陷的活生生的社会历史中走来的人，这既是对历史的尊重，也是个体创造性的体现。“如果今天我们对待人用司马迁的‘平等性’和‘复杂性’来评价，今天的中国人一定程度上已经有了现代性”①。

①吴炫，张丽锋．文学经典的批判创造性解读[J]．湘潭大学学报(哲学社会科学版)，2021，45(2)：109.

（三）苏轼天人对等哲学与儒道天人合一哲学对等互动

苏轼对儒道哲学隐性的批判创造性改造在中国文学经典中是具有现代意义的哲学思想，作为中国的独创性作家，一方面他与既定的文化观念保持着亲和性的关系，另一方面他认为，世间万物及人各有其“一”，“一”即所谓的“道”，天地之道与人之道是不同且相互分离的，“仁”只是人事之道中的圣人之道，除此以外的像是君子、妇孺等各有其道，也不只是“仁”之道的体现。就像苏轼所言：“天一于覆，地一于载，日月一于照，圣人一于仁，非有二事也”①。“一者，不变也”，但“不变”也是相对的，即万事万物各有其生成和发展的规律，不受外在强加条件的制约，相互之间不能强求，体现了对天地之道与人之道尊重、对等的思想。对君子之道，苏轼认为：“君子如水，因物赋形，天不违仁，水不失平。”②

首先，苏轼将君子与水做类比，对老子“水往低处流”的思想进行了结构式的改造——“水随物赋形”。水的地理位置由“低处”变到“随物”，既有伏羲先天八卦阴阳之间缠绕交融、对等互动的哲学思想内涵，也有事物之间的关系是相互联系、彼此促进的辩证唯物主义方法论的体现，还有个体内在本质具有的否定、批判、超越性力量的彰显。水具有的“随物赋形”特质，是苏轼透过自己的生命感受对既定文化材料再改造而形成的新思想，也是对老子“无争之水”的批判创造性改造，而这与他曾在徐州和杭州治理水害时的生命体验有很大关系。当水以自然灾害的形态威胁人类生命安全时，所具有的并不是“无争”的力量而是毁灭的力量，也并不会顺应“天道”或“人道”而“往低处流”，所以，作为自然事物尚且具有随时而变的形状，那么人生也应该体现出这种不断创新、不屈困难的模样。“无争”只是一种处世哲学而非绝对准则。面对人生的复杂局面，当争则争，当舍则舍，多为智慧。对老子“低调如水”的人生哲学，苏轼以个体化的独特理解将其改造为多元变化的人生哲学，是批判创造性改造道家经典思想的具体实践，也是其思想具有现代性丰富内涵的有力体现。

---

①苏轼．苏轼文集[M]．北京：中华书局，2001．

②苏轼．东坡书传[M]．北京：海豚出版社，2018．

其次，苏轼打破了圣人之道对君子之道的制约。圣人之道体现了对天地的尊重和人之仁爱的可贵，但是当民间伦理以一些有违人性的乡俗对此加以规范时，就显示出需要改造的必然。例如苏轼被贬黄州时，并不考虑自己官位的得失而上书当地政府力争改变“溺死婴儿”的风俗，就是“以民为本”“以人为本”的君子之道的体现，这种做法有违尊天地的“圣人之道”，却又是现代性中人本主义的体现。在“为官”这件事上，苏轼以庄子的“无待”应之，打破了儒家“学而优则仕”的官本位思想，将其改造为“日日新则仕”。对于宋神宗的治国之道以及朝野的两党之争，苏轼从未以“仕途”作为自身选择站队的标准，而是以为百姓谋幸福的人生责任感尊重现实存在的多元复杂关系。在看清“舟中行客去纷纷，古今换易如秋草”①的社会历史现实后，苏轼以诗与词安放自己“多情应笑我”的感性生命力量，不断阐释自己所领悟的人生“无阻碍性”的哲学思想，在人与自然之间对等互动的大气格局中诠释生命的变幻无常以及人的七情六欲之苦乐。

因此，苏轼的君子之道是以独特的批判创造性哲学观念具体实践后所得之结果，它表现了天人对等、彼此尊重的关系，并不是对儒释道三教思想的简单融通，也与王弼、朱熹等个性化阐释儒道经典的学者具有根本的区别。而由此也可以推论，圣人、百姓、君子其实各有其生存之“道”，君子也并不是圣人的“衍生”，而是可以在任何环境下调整自己生存方式并能够始终保持达观、进取心态的“人之道”。《中庸》认为，“小德”受孕于“大德”，而苏轼认为“万物并育而不相害，道并行而不相悖”，“并育”与“不相悖”打破了“受孕”的从属性。“新”与“一”虽性质不同但也并不相互对立，在伏羲先天八卦中，阴阳与八卦之间各自性质不同，却可以相互缠绕运动、和谐交融，这可以印证苏轼“多元之道”哲学思想存在的合理性。而马克思“个体自由创造”的观点，也能与苏轼所认为的万物和人皆各有其道的哲学思想相互印证：“个体自由创造”在于以人的感性的对象性活动为基础所进行的劳动创造，它以人的感性解放作为出发点和最终落脚点，是人的解放的重要标志；“多元之道”同样是以尊重人的感性力量和自然界丰富形态为本而开展人的

①王文诰.苏轼诗集[M].孔凡礼，点校.北京：中华书局，1982：18.

感性的创造性的活动，它符合人类文化生成所遵循的内在逻辑，与人类的和平生存与发展息息相关。

"天人合一"作为中国历代庙堂之道的核心观念，在于"合"恰好对应了意识形态之道，也更有利于封建统治者集权化构建和管理社会的制度和结构。如此一来，"人道"以及"个体化理解世界"的方式在某种程度上被消解了。如果说多元、复杂、变化是自然世界的本质特征，那么通过在自然界进行感性的对象性活动所构建的人类社会也应当是多元文化形态并存的世界；"天道"与"人道"既然各有其运行之"道"，那么"天统人"或"人统天"在逻辑上就推导不出"天人合一"的结果，也无法延伸出"天人感应"，因为"天道"况且与"人道"并不一致，作为"人道"中的伦理之道又怎能与"天道"交互感应呢？所以儒道哲学主张的"天人合一"哲学观，本质上是将"天道"合于"人道"并以"仁"合"一"的"人事之道"，也就是儒家所谓的"天下"观。

而苏轼的"天人对等"哲学在《琴诗》中表达得就很明显："若言琴上有琴声，放在匣中何不鸣？若言声在指头上，何不于君指上听？"这是事物与人或"天道"与"人道"之间对等互动关系的一种揭示。"琴"与"指"既象征"物"与"我"，也象征"天"与"人"，更可以象征两种不同性质的文化——"文化创造之道"和"自然生命之道"。"文化创造之道"是人类感性创造性活动实践的成果，如苏轼对老子"水之道"思想的突破，就是文化创造之道的体现。但是，人的文化创造不可能完全突破所生活的时代以及所受到的教育给自己的无形制约，因此，"自然生命之道"和人类"文化创造之道"是相互不能取代的两种"道"。而苏轼以在民间生活时的"文化创造之道"与在庙堂为官时的"生存运动之道"形成对等互动的关系，实现了隐性的个体化理解世界的创造性实践，并展现了"天人对等互动"而不是"天人合一"所具有的现代性内涵的文化思想。"天"与"人"之间"对等""互动"，以尊重"天"与"人"并无高低之别的分离为前提，既有对"天"伦理政治制约功能的接受，也有"人"进行个体化实践活动的自由。基于这种理论预设，苏轼用自己的生命经验实践出一条个体"文化创造之道"与"生存运动之道"既分离又融合的道路。这条道路值得中国文化哲学在实现现代化中借鉴。

第三节 马克思主义文化哲学与中国当代多元对等互动文化哲学的融合

如何才能在当代中国建立既不同于传统儒家大同论也不同于西方文化冲突论的文化哲学,是在多元文化共存、多边贸易发展、区域经济一体化以及发达工业社会单向度发展、发展中国家不断寻求深化改革的复杂历史背景下所提出的亟待思考并解决的问题。在经过百余年历史的探索和实践过程中,以人的解放与全面发展为核心思想的马克思主义理论自进入中国以来,正迈向新时代中华民族伟大复兴之路,是经受住历史检验的符合中国国情发展的正确的世界观和方法论。因此,如何以马克思主义的人的全面解放为中国当代文化哲学的实践目的,在对东西方人的创造性被抑制、个体与群体关系不对等、利益和享受至上等相似却不同的文化现象进行深度分析研究后,完成中国当代文化哲学与马克思主义文化哲学的融合,是本节所要探讨的问题。

一、"人的全面解放"的内在结构的多元对等互动

当本书将"文化对等互动"理解为不同性质的事物和不同性质的文化的相互关系时,"个性"虽然不能等同于个体的哲学创造,却是个体哲学创造的基础。攻性生命的"个体差异"之所以是文化的"个体创造"的基础,是因为"个性差异"的天然性与文化规范的矛盾性才是"个体创造"的"问题起源"。逻辑上就可以产生这样的类推:司马迁以"人的缺陷性"感知人与文化的矛盾关系,而人的缺陷性问题的发现来自司马迁感性生命的个性差异——喜欢直面现实世界而不喜欢粉饰现实世界,自然也就不会去粉饰历史真实。这样的个性与班固的个性差异是如何形成两种历史哲学的,这就成为"个体创造何以可能"的基本问题。如果说尊重每个人的个性差异是实现每个人的创造性解放的前提,那么马克思所说的个性解放作为人的全面解放的标志,就是在"基础"的意义上被强调的。

马克思从政治经济学批判的角度揭示资本主义私有制的“根本秘密”，从早期政治解放，到中期劳动解放，再到人的个性解放，终其一生都在为人的全面解放谋求具有实践可能性的路径。对人的“个性解放”是人的全面解放的标志这一问题，马克思认为，“只有当人认识到自己的‘原有力量’，并把这种力量组织成为社会力量——因而不再把社会力量当作政治力量跟自己分开的时候，只有到那个时候，人类解放才能完成”①。这可以说明以人的个性解放为标志的人的解放是具有人类文化整体性意义的政治、社会、个人的统一。文化中所具有的人的感性对象性经验，是人充分发挥自身创造力的表现，东西方不同文化的形成都与人的这一根本性质有关。当人的感性及自由创造的能力被压抑时，政治和社会力量就是外在于个性的，就要思考如何通过变革社会结构及制度来解放人的个性。而如何完成政治、社会和个性的统一，在中国当代文化哲学的意义上，一方面是一个“政治、社会和个性对等互动”的问题，另一方面是一个政治和社会如何尊重个性差异并且将这样的尊重作为政治力量和社会力量的目的之问题。

认同马克思主义个性解放作为人类全面解放的标志，自然就会进一步提出个性解放作为每个人的个性同等被尊重何以可能之问题。马克思在这个问题上用了每个人的“原有力量”这个词——在与“个性解放”是有差别的意义上，本书暂且将“原有力量”理解为呵护个性解放的“个人意志”，而当政治力量与人的个人意志相统一的时候，“统一”是由政治力量来言说还是由个人来言说，就是问题的关键所在。当然我们也可以说这本应不是一个问题，因为政治力量和个人的原有力量不能统一的时候，才会提出“谁来言说”的问题。既然是“统一”的，应该说谁在言说都是三者一致的言说，这大概是个人意志的原有力量已经被政治力量和社会力量充分尊重并得到制度上的、伦理上的，甚至是信仰上的保证了。或者说每个人的原有力量和个人力量就是根本的政治力量和社会力量的时候，这就形成了“个性差异、个人意志、个人原有力量因为彼此尊重而对等互动”的政治、社会和个人。政治力

①马克思，恩格斯. 马克思恩格斯全集：第一卷[M]. 中共中央马克思恩格斯列宁斯大林著作编译局，译. 北京：人民出版社，1974：443.

量和社会力量已经不是对个性力量规范的力量，而是彼此尊重的力量，这是马克思主义文化哲学与中国当代文化哲学融合在“个性解放”层面上所讲的“三种力量对等互动”的意思。

此外，人的全面解放除了个性解放与政治力量、社会力量对等互动之统一，还有人的创造性解放的纬度。马克思在《共产党宣言》中曾指出：“每一个人的自由发展是一切人的自由发展的条件。”①这里的“每一个人的自由发展”同样应该是从个性解放的意义上说的，个性发展囊括自由发展之意。“自由”由于是一个内涵十分宽泛的概念，所以如果不能在文化创造意义上进行要求，自由可以是大同小异的，也可以是没有目标的，甚至也可以是享受趋利的。所以马尔库塞没有在“自由发展”上讲“人性异化”或“感性异化”，而是在艺术和爱欲的反抗性意义上讲以否定性力量为标志的“自由”。这说明“自由发展”作为一个总体性的观念在马克思主义文化哲学中国化这里也需要像“个性差异”那样界定其具体的内涵，这就是本书以“个体化理解世界”为标志的“个体创造”之解放作为“自由发展”的本质规定或最高境界。个性解放和创造性自由发展就作为人的全面解放的具体内容在中国当代文化哲学中被强调。

个体创造之间之所以也是对等互动的关系，是因为创造的最高境界是对世界独特理解所构成的哲学创造，而哲学创造才是文化创造的本体，或者说没有哲学创造也就不称其为文化。在维科的文化哲学中，文化创造的性质已得到充分阐释。而文化创造究其根本乃是个体哲学创造的集合，这正是“每个人的自由发展是一切人自由发展的条件”的方法论内涵所在。换言之，每个人的创造性发展构成了整体人类发展的方法论基础。若将充分发挥每个人的创造性视为政治力量与社会力量的最高理想，那么人类解放的实现，就取决于不同文化如何在“人的创造力即政治与社会力量的核心”这一共识上达成统一。

而在中国，个体在面对主流文化时会自为进入集体无意识的依附性宗经状态，在“独创性”上的自觉意识不够，也是我们需要引起重视的地方。在

①马克思，恩格斯．共产党宣言[M]．北京：人民出版社，1997：150.

全球化发展的时代,需要每一个中国个体投入到创造性改变世界的实践中去,这不仅是防止西方极权文化对中国个体进行观念、意识上的渗透,也是对中国文化现代性发展的根本推动,所谓自由自觉的个体如果没有创造性追求的纬度,必然会陷入利益追求和知识选择的不自由状态,因此,"只有文化实践、社会实践和个体实践的统一,才能改变中国传统文化对个体创造力的抑制性观念"①。这就提出了一个个体选择性之解放向个体的创造性解放的转化问题。

二、个体解放的生存选择和个体解放的自我创造对等互动

个体解放的自由性是以尊重、平等的方式对待不同个体之间的个性差异、选择差异,而个体解放的创造性自由更强调个体具有"独特的对世界的理解"②。所谓"独特的对世界的理解"的文化个体,如果"没有自己对世界的独特理解所生产的文本与符号,在文化的多元世界中就不可能成为一种'文化个体'"③。所以,个体既是区别于整体性文化中的任何一种文化,又是发挥个体自由创造能力的个人,他们都是在遵守规范与尊重差异的前提下创造出不与世界暴力对抗的具有突破性的文化内容,苏格拉底、孔子等,都是这种文化个体的代表。

首先,个体解放的创造性自由从中国个体创造内在性的文化特性出发,需要非对抗性地尊重政治、文化和社会所构成的世界,尤其要尊重儒道文化所构成的世界,当然也包括尊重西方技术理性世界。

在西方发达工业社会,科技理性迅猛发展带来物质的极大丰裕,虽然满足的不是个体自身全部真实的需求,但至少满足了个体的物质欲望快乐诉求,技术理性合理化的发展虽然压抑了个体的感性意识的个性差异,只要感

---

①吴炫.试论人类文化创造的多元对等关系:马克思主义文化哲学的中国化建构思路[J].江苏行政学院学报,2018 (1):36.

②吴炫.试论人类文化创造的多元对等关系:马克思主义文化哲学的中国化建构思路[J].江苏行政学院学报,2018 (1):40.

③吴炫.试论人类文化创造的多元对等关系:马克思主义文化哲学的中国化建构思路[J].江苏行政学院学报,2018 (1):40.

性意识和个性差异仍然存在，技术理性就不会真正驾驭人类社会。正如马尔库塞这样的西方马克思主义者敏锐洞察到的那样，在“没有反抗者”的社会现实下，实际上仍有一些“不抱希望的人”在对单向度的社会进行激进的拒绝和否定，他们或是摇滚乐手、诗人、流浪者，或是贫苦的穷人。然而，这些具有反抗意识的闪烁着微弱星光的个体在面对世界时，一方面表现出的是全部否定或全部对抗，另一方面却并未在开拓未来的解放事业上进行个体独特的创造性的活动。独特的创造性的个体活动具有双重面向：既可通过个人对世界的独特理解生产文本、符号，也可在多元文化语境中主动成为文化创造主体，从而为人类解放事业做出实质性贡献。由于对抗性关系使个体不再诉求改变对抗对象从而不会真正改变世界，因此“非对抗性的尊重世界的个体”①首先会将世界呈现出的整体样貌进行承受、宽容，再“将任何一种他者的文化思想和实践行为对自己的影响视为自身个体文化建构需要依托的材料”②，从而在尊重世界对自己的影响甚至是制约的前提下进行内在改造。以“接纳和尊重—批判和改造”的个体结构“体现着个体与世界的整体和谐关系”，这从根本上看就是个体创造与既定世界“对等互动”的关系，这是“从容、平静而又有内在力量和自信的具有中国文化特点的新型个体”③。司马迁和苏轼等都是具有中国文化特点的“非对抗性的尊重世界的创造性个体”。需要指出的是，从“五四”新文化运动以来，“打倒孔家店”与迎来“娜拉”几乎是同时进行的，虽然在文化内容上具有不同于“文化守成派”的创新之处，但是其“膜拜—拒斥”的思维方式却不是“对等互动”的。

其次，个体选择性解放无法构成个体与世界性质不同的对等互动关系。文化个体要打破在东西方文化中做选择的思想依附思维，由“选择新知的创新”走向“自己观念的创造”，个体的独立性和个体文化才能够建立起来。

---

①吴炫．试论人类文化创造的多元对等关系：马克思主义文化哲学的中国化建构思路[J]．江苏行政学院学报，2018 (1)：41.

②吴炫．试论人类文化创造的多元对等关系：马克思主义文化哲学的中国化建构思路[J]．江苏行政学院学报，2018 (1)：41.

③吴炫．试论人类文化创造的多元对等关系：马克思主义文化哲学的中国化建构思路[J]．江苏行政学院学报，2018 (1)：41.

中国现代学者在中西方文化思想之间所做的知识选择,实际上并未打破"非此即彼"的固有模式,儒家"膜拜—拒斥"的情感化思维与西方"二元对立"的思维同样具有需要改造的部分。选择性思维使得中国现代学人从王国维开始就走向了用西方哲学看中国问题的"非哲学创造"之路,而其渊源可以追溯到康有为、谭嗣同、梁漱溟、熊十力、余英时等用西方的"权利""平等""意志""民主"与中国儒家的"仁爱"进行嫁接,也表现在中国学者用西方的逻辑思维、实证思维为实现学术现代化而努力上,但在提出什么是中国现代哲学问题时却力不从心。其原因在于一方面忽略了中国传统文化中个体创造性改造世界的问题意识之经验,也忽略了从自己的哲学创造经验中总结"哲学问题何以可能"的研究,最终就无法改变中国学者趋利性价值取向对待西方逻辑思维、实证思维的工具主义态度——基于哲学问题创造性地重组逻辑与类比、实证与经验等方法的哲学创造就难以展开。正如马克思通过对唯物主义、唯心主义的改造而形成实践唯物主义一样,对西方近代理性主义、实证主义、形而上学中存在的理论缺失进行创造性的改造,形成辩证唯物主义和历史唯物主义的世界观与方法论,为实现人类解放开辟出了具有理论和实践双重意义的道路。习近平主席曾说,要"树立在继承前人的基础上超越前人的雄心壮志"①。"超越前人"既是社会历史发展赋予个人的历史使命与责任,也是个人自我实现的最高境界,需要对世界文化具有整体性理解后,再吸取其中的养分进行个体独特的思想创造,是以突破传统文化"个性化阐释"的"宗经"思维、西方个人主义和权力至上思维为己任的中国个体批判创造性哲学实践活动。

用对等互动的文化哲学观念看待文化之间的关系,是将"互动"理解为文化相互影响促进彼此自我创造之意。"对等互动"的文化哲学观念不用落后或先进、长处或短处比较各种文化价值的高低,而是将不同文化的长处短处看作各种文化的有机性功能,所以文化之间不存在扬长避短的关系,而是相互影响、碰撞从而激发各自文化再创造的关系。任何文化的创造过程——无论是资源利用还是材料整合——都不可避免地受到其他文化的影

①习近平.在同各界优秀青年代表座谈时的讲话[N].人民日报,2013-5-5(2).

响。然而，文化吸收与外来影响并不能替代基于本文化核心问题而产生的哲学创造。真正的哲学创造，必然要求超越既定文化框架来审视自身的文化命题。

习近平总书记在纪念中国人民抗日战争暨世界反法西斯战争胜利70周年大会上提出的“为了和平，我们要牢固树立人类命运共同体意识”的号召，中国当代多元对等互动文化哲学旨在从人类生活“虽不同但整体”“茶与酒可以兼容”的意识出发，努力促进世界不同民族和文化之间和谐交往，同时在新的文化整体观视域下，实现文化个体创造性解放与文化个体生存性解放之间的对等互动，从而不断推动“人的全面发展”。

第四章 马克思主义文化哲学中国化对马尔库塞技术批判理论之批判

第一节 对马尔库塞技术批判理论之审视

一、从“工业文明批判”到“趋利文明改造”

现代发达工业社会中技术发展的走向是：“把自然作为一种敌对性的、破坏性的粗暴力量加以控制；把人类作为自然的组成部分加以控制。”①如果终极因不再进入技术理性发展的范畴，那么仅凭纯粹工具化的发展，人类社会中的暴力、苦难以及破坏性就永远得不到批判和否定。终极因的缺失使马尔库塞看到技术理性的“中立性”已牢牢地被掌握在政治阶层的手中。随着科技理性的不断进步，曾经带领人们解开枷锁走向自由的终极因逐渐被剔除，它逐渐被现实社会大集团的经济利益所取代，个人也在这样的导向中不再思考像终极因这样深远又抽象的概念，而是从自身利益出发努力得到满足自我需求的物质，从而舒适、惬意地在便捷的工业社会中生活，这就是大多数人安于现状的追求。所以，人们对新科学在看似中立的外表下剥夺绝大多数人的自由生活有意或者无意地选择忽视，进而在用物理数学模式构建宇宙的进程中，对具体个人和个人所具有的可感知的身体也无奈地选择放弃。

人类没有理由拒绝科技理性发展给现代社会生活带来的高效和便捷，但是人类在看似充裕的物质世界中总是感到孤独和彷徨，总在寻找幸福的

①马尔库塞. 马尔库塞文集：第五卷 哲学、精神分析与解放[M]. 黄晓伟，高海青，译. 人民出版社，2010：199.

意义究竟是什么。人类在孤独与彷徨中不断向幸福的本体论进行追问，终将开始对存在真理进行探索；这一真理并非静态的起源，而是在历史实践中不断生成的对自由与意义实现的理念。真理具有终极因的价值和意义，失去了真理的指向，现实的绝大部分内容几乎被还原为物理数学结构。真理成为人类试图测量和计算的要素，人类可以像斯宾诺莎那样用几何学命题来证明伦理学，这显示了人类向自然迈进的自信。武断地用一种现实规律来代替所有规律的发展，即使找不到与其他任何存在规律的共性，人类也可以理解它们并甘于接受它们的引导，慢慢地，除现实以外的其他一些内容和意义对人类来说就会变得不再具有追求的意义，而仅剩下所承认和所造成的现实本身，这种预设一旦发生，的确令人担忧。第二次世界大战后的最初阶段，马尔库塞就预感到技术统治将会在不同意识形态的国家中被保留下来。马尔库塞从 20 世纪 40 年代到 20 世纪 60 年代的这个阶段，发现技术理性的发展呈逐渐扩大的趋势，它的外在组织形式变得越来越巧妙，但内在缺失真理的终极因这一问题始终没有得到应有的解决。

马尔库塞未能对西方政治和社会现实进行实践性批判，他不具备设计出不同于现代民主和科技体制之新体制的能力。马尔库塞对发达工业社会文明批判的方法与结果之所以不能作为中国马克思主义文化哲学照搬的对象，是因为我们要从马克思主义文化哲学中国化的角度来看待文明问题。马尔库塞西方技术理性批判中始终存在的张力性立场，本质上映射出他对技术现代性的辩证认知——既揭露它作为统治工具的异化本质，又承认它蕴含的解放潜能。这种理论上的双重意蕴，构成了批判理论对技术理性进行历史化审视的认识论特征。他并未全盘否定西方工业文明所带来的跨越式进步，也并未全盘否定科学技术理性，只是在科学技术理性中过度发展的工具理性方面提出了自己的批判性意见，缺乏一种对文明趋利性异化感性生命的复杂性问题的思考意识。

中国传统个体的感性生命困境，根植于儒家伦理规范对主体的规训性束缚；在此伦理框架中，科学技术被工具化为道德实践的手段——其问题本质并非马尔库塞所批判的“单向度的人”(技术理性异化)，而是伦理本位导致的“人作为伦理实现手段”的存在异化。西方工业文明批判的重点在于技术理性异化，中国当代文化创造性批判的重点则在于伦理规范的改造，所以马克思主义文化哲学中国化对异化问题的“双重审视”，体现为对中国伦理文明中感性生命被义利二元割裂的批判性改造，这一改造客观上为矫正西方技术文明导致的工具理性异化提供了重要的文明资源。

马丁·路德的宗教改革通过确立“因信称义”原则，为西方近代文化建构起以个体权利保障生命意志的理性框架；然而权利话语对意志自由的单向度伸张，未能涵摄生命意志在感性、创造性与超越性维度的丰富性本质。西方思想传统中的人类中心主义与康德理性主体哲学均对休谟所揭示的生命情感不确定性存在轻视倾向，致使感性生命的复杂性问题悬置未决；西方马克思主义虽试图重拾感性维度，却在叔本华生命意志哲学的引导下，将人性问题简化为欲望压抑机制，最终陷入以审美救赎替代现实解放的困境，仍未真正安顿生命本真性的复杂构成。而这个问题，在吴炫教授的《生命力·变化力·创造力：否定主义哲学问题下的庄子》①一文中初步被提出，即生命力是捍卫生命，包括感觉、意志、情感、私利、关爱等复杂性本然生命内容的力量。感性生命之所以不能被简单理解为个性和欲望，是因为包括自然界在内的感性生命并不是以追求欲望满足和快乐享受为目的的类，而人类生命的异化不仅仅是“劳动异化”和“理性异化”，而且也是生命复杂性被文化单一性引导产生的逆反性单一生命欲望冲动的双重异化，即无论是感性生命的人，还是轻视感性生命的文化，均是在“轻视欲望”的纬度下建立文化，也是在追求利益的纬度下理解生命的解放，这才导致包括马尔库塞在内的西方马克思主义者在异化问题上对文明的诊断始终没有切中要害。本书是在呵护感性生命的复杂性之缺失的意义上看待迄今为止的中西方文明的。因为“尊重生命力”是中西方文明的共同盲点，所以它才作为一个文明异化的问题被提出，这是本书理解马克思主义文化哲学要在实践层面上“改造文明”的题中之义。所以，我们需对马尔库塞的工业文明批判进行“趋利

①吴炫.生命力·变化力·创造力：否定主义哲学问题下的庄子[J].社会科学论坛，2022(1)：179-189.

文明的本土化转译”，即以中国传统的义利辩证智慧重构技术理性批判，通过激活“以利载义”“正德利用”的思想资源，在扬弃单向度异化的同时，建构技术文明与感性生命协调发展的新文明范式。

二、从“肯定性文化”到“互动性文化”

所谓肯定性文化，马尔库塞认为是指“资产阶级时代的文化在其自身发展历程中，把作为独立的价值王国并被视作高于文明的、精神的、灵魂的世界与文明割裂了开来。这种文化的决定性特征，就是宣称存在着普遍的义务，存在着必须无条件地加以肯定的、一个永远趋向更高价值的世界”①。它可以使人们在充满个人利益冲突的现实世界中因所遭遇的不公而产生怨愤、不满、反抗等否定性情绪并以内化的形式进行消解，从而获得社会整体上内在与外在的和谐。它一方面实现统治阶级驯化民众的目的，另一方面也使民众自为地在这种超越日常生活范围的价值中获得除个人利益以外的颂扬与赞美。

肯定性文化中的一种“欺骗”形式就是追求“幸福”。与古代不同的是，资产阶级时代对幸福的需求是每个独立个体的需求，不再属于社会更高阶层或团体的专有名词。之所以追求“幸福”成为每个独立个体都可以进行自我满足的需求，是因为“发展中的资本主义生产开始使这个空间越来越多地充满了可能令人满意的商品”②，也就用“面包”取代了“精神”。在这样一种社会思想的引导下，资产阶级时代出现了一种不同于以往任何时代的新的幸福模式。然而这种新的幸福模式又不具有普遍性，因为生产社会化和生产资料私有制之间的矛盾一直在不断扩大，抽象的个人平等在具体的资本主义生产中表现出来的只能是实际的不平等。无限扩大的消费趋势和劳动人民的购买力成反比，只有少数人才能按照新的幸福模式生活，具有维持其状态的购买商品的能力。平等仅限于法则的制定，而取得生活资料的条件却始终都未平等。所以，城乡中有人变得越来越贫困，这反而有利于资产阶

①卢卡奇.历史与阶级意识[M].杜章智，译.北京：商务印书馆，1992：184.

②马尔库塞.马尔库塞文集：第四卷 艺术与解放[M].朱艳春，高海青，译.北京：人民出版社，2010：130.

级长久地进行两极分化的统治，而这样一来，幸福不但离开了古代时期的“幻想地”，而且失去了现实存在和发展的根基。肯定性文化中另一种“欺骗”形式则是“灵魂”。马尔库塞认为：“关注灵魂‘反映了人的个性的日益分化，并通过根植于人的本质的自然的发展增强了人的享受生活的意识’”①。由于资本主义世界是通过经济竞争的劳动方式把个体发展起来的，所以商品市场的需求成为个体生命发展的最主要需求。对商品世界的反抗时有发生，为了平息这些对立的矛盾，资产阶级用肯定性文化中的“灵魂”与物化进行对抗，“但灵魂却最终向物化低头了”②。灵魂对物化世界的顺从，体现了它的消极品质。从宏观来看，在整个资本主义社会文化中，灵魂始终是作为资本主义社会文化的捍卫者身份出现的，它并未对资本主义社会文化中不合理的部分进行否定和批判，总是以默默接受的方式继续内化出个体向往未来的渴望。因为灵魂不具有商品社会的交换价值，所以它可以用较为自由的方式对贫困、痛苦和各种束缚开脱，从而达到在意识形态上帮助资产阶级巩固其统治的目的，完全扭曲了它本身所具有的真理：发生在肉体上的事情不会影响灵魂。在早期资本主义时期，肯定性文化赋予灵魂更多的诗意，它将日常生活中不自由和不平等的部分全都包括进去，而这在某种意义上也保护了真理。但进入发达资本主义社会工业化阶段后，灵魂总是以压抑个体感官的方式出场，它成为支配个体感官的一种力量，它的疏离性有所减弱。疏离性逐渐发展为支配性。灵魂与个体感官的结合并不是真正意义上对物质与精神二分的合一，它是在肯定物质与精神二分的基础上将形而上的意义渐渐消解，从而使物质利益最大化。从人类文化整体视域来看，西方资本主义的“肯定性文化”正在逐步“击碎”甚至“消解”文化内涵，成为物质丰富但精神空场的现代物性化社会的文化。

中国对等互动性文化哲学主要体现在文化与文化之间、人类与自然之间、个体与群体之间，强调尊重多样性，寻求平衡和谐。这个哲学背景下孕

①马尔库塞.马尔库塞文集：第四卷 艺术与解放[M].朱艳春，高海青，译.北京：人民出版社，2010：140.

②马尔库塞.马尔库塞文集：第四卷 艺术与解放[M].朱艳春，高海青，译.北京：人民出版社，2010：141.

育的不是"肯定性文化"而是双重肯定的"互动性文化",这是由"阴阳互动"文化派生的中国当代文化哲学对世界各种不同关系的基本理解。"互动性文化"中的相互影响既包括相互欣赏,也包括相互批判,但没有包括相互改造、征服、同化之意。

首先,在文化与文化之间的关系上,不存在西方文化中心论或者东方文化中心论,也不存在现代文明优于古代文明的价值判断,当然也不存在西方技术文明优于中国伦理文明的判断,因为任何文明都是对复杂性生命简化后形成的文明,所以人类文明也不优于自然生命世界。对等的含义是承认性质不同的事物为中性判断形成的关系判断,所以西方"肯定性文化"的要害在于没有尊重"生命复杂性文化",或者说自然生命世界没有发挥对文化的影响功能。既然任何文明都不应该轻视自然生命世界,那么说西方古代文明优于现代文明,或反之,都是不同程度地对自然生命世界的轻视。中医文化讲"阴阳平衡",由此可以推导出人类文明与自然生命"平衡"的观念。而这样的观念是中国当代文化哲学观念借中医"阴阳平衡"文化进行创造性建构才形成的。西方以个人权利为中心的强势文化在占据世界主流地位的同时,在理论上与中亚、非洲和南亚不以趋利为指向的信仰文化不存在价值高低的问题。价值高低判断属于世界文化趋同性的思维,同样是对生命复杂性的轻视。

其次,在人类与自然的互动关系上,西方的"人类中心主义"重点强调人的主体性,而对自然的丰富性以及自然与人类之间的对等关系则强调较少。人类世界中的自然是人化的自然,被逐渐改为一种装饰性的符号,与真正原生性、丰富性的自然是有区别的。人类的生存与发展离不开自然界,即使科学技术理性的发展可以让人类社会实现高度一体化、自动化,也需要人类不断从自然界中汲取能量,人类并不能脱离自然界而独立存在,毕竟人是作为自然生物而存在的。如果人类仅从自我利益出发不断利用自然、开发自然,而不考虑生态平衡的问题,不对自然予以尊重,就会割裂人类世界与自然世界的亲缘关系而最终走向失衡的自毁式之路。可以说,人类对自然的主宰性、依附性,都需要改变。

最后，在个体与群体之间，西方肯定性文化的本质在于控制，是极权阶级统治社会的手段之一，它只不过是用尊重个体权利的手段让个人失去了对现实世界的否定冲动。而鲁迅发现的国人生命麻木现象，同样也是压抑生命感觉的极权阶级控制个人的表现，只不过是以让人没有生命感觉的方式来让人丧失文化批判的冲动。对抗世界并不能从本质上真正改变世界，反而受世界所制约，而个体对世界麻木将会使世界对生命的制约更为肆无忌惮。

所以，中国的互动性文化是将“群体与个体”的关系看成互相制约和影响的关系。突破群体从属个体的西方文化，也突破个体从属群体的中国文化，建立起非对抗性的尊重世界又改造世界的自己的世界之个体。对西方工业技术文明而言，中国方案中的“非对抗性的尊重世界的个体”尊重西方个体权利文化，但要改变西方以“个体权利”为中心的文化，将个体权利和整体责任放在不同时空中通过对等互动哲学来考量，不能将个体权利绝对化；个体权利解决什么样的问题也同样需要追问。从生命的个性、爱欲到生命的复杂体验，再到超越生命的创造性个体，其实都是个体权利呵护的内容。对鲁迅提到的生命麻木现象，还原生命感觉、意志、情感的尊严并用生命力去捍卫，是中国个体完成现代化建构的首要一步。然后，国人以“外在尊重—内在改造”的方式完成个体的创造性建构。这种对东、西方文化的双重要求和改造，既是对权力者而言的，也是对制度设定者而言的，同时也是对每个个体而言的，如此才“体现着个体与世界的整体动态和谐关系”，如此才是“从容、平静而又有内在力量和自信的具有中国文化特点的新型个体”①。

第二节　对马尔库塞“单向度的人”之改造

在20世纪50年代一次反对越南战争的讲座上，马尔库塞提出了“超越单向度的人”的观点。马尔库塞“超越单向度的人”是对“单向度的人”之问

①吴炫．试论人类文化创造的多元对等关系：马克思主义文化哲学的中国化建构思路[J]．江苏行政学院学报，2018(1)：41.

题的一种回应。“超越单向度的人”所给出的路径仍是以感性生命解放、个体解放的马克思关于人的解放与全面发展的理论为指导而进行预设的。从对马克思主义文化哲学的深化的角度来看，马尔库塞的这种理论预设具有一定的合理性；但是，马克思关于人的全面解放与发展的理论是整体性的理论，感性解放、个体解放是马克思关于人的全面解放与发展的理论中的部分内容。倘若将关于感性解放、个体解放等理论内容单独拿出来作为解决实际问题的理论指导，必然会让人陷入“此路不通”的尴尬。马尔库塞“超越单向度的人”所超越的仅是个体本身以及感性世界，而如果不超越发达资本主义政治经济体制的局限，“单向度的人”就仍然是单向度的。

因此，尝试用马克思主义文化哲学中国化的内容来批判性审视“单向度的人”之问题，是中国式的“超越单向度的人”之方法探索。

一、从“单向度的人”到“对等互动的人”

“单向度的人”是马尔库塞于 20 世纪 60 年代在《单向度的人：发达工业社会意识形态研究》一书中提出的概念，它揭示了资本主义社会技术理性的发展已由政治、经济领域延伸到社会意识形态领域，技术理性对人实施全面控制的新的社会问题。马尔库塞在深化马克思政治经济学批判的同时，因激进的哲学思想和乌托邦式的设想，受到西方马克思主义阵营褒贬不一的评价。按照马尔库塞的定义，“单向度的人”特指在发达工业社会极权统治下，“出现了一种单向度的思想和行为模式，在这一模式中，凡是其内容超越了已确定的话语和行为领域的观念、愿望和目标，不是受到排斥就是被归结为这一领域的现象”①。换句话说，即发达资本主义社会在政治驾驭科学技术理性的单向度发展中导致感性受到压抑且无否定能力的工具人的出现。马尔库塞在韦伯提出“工具理性与价值理性”的基础上走向了对技术理性批判的激进之路，毫无疑问这使他遭受了非常多的质疑和批判，例如哈贝马斯对其不合理利用学术词语的批判、阿多诺对其思想不彻底性的批判等。我

①马尔库塞. 单向度的人：发达工业社会意识形态研究[M]. 刘继，译. 上海：上海译文出版社，2006：98.

们暂时悬置马尔库塞在理论构建上存在的技术"硬伤",深入分析研究他所揭示的资本主义社会的新问题,则能体会到他思想的敏锐与深刻。虽然工人阶级已大批量转化为白领阶层,但由于资本主义制度的性质并未改变,所以"发达工业文明的奴隶是升华了的奴隶,但他们终究是奴隶"①。马尔库塞对现代西方发达工业社会下人的意识形态被全面控制而成为失去个性的工具人之问题进行了深层次的批判,他认为人的思想性、创造性和主体性的消失是意识形态对人进行操控后的悲剧性结果。这一批判逻辑承续了马克思的意识形态理论传统,通过在当代社会现实中持续揭露意识形态辩护机制,深刻展现虚假意识的现代性特征。同时,马尔库塞也注意到要在当代历史条件下对意识形态的消极方面进行改造,这就涉及一个现实问题,该如何走出"单向度的人"的生存困境呢?

马尔库塞认为,发达工业社会亟须对价值进行重估,而后应形成一种新的具有否定性、批判性的合理性,而不是资产阶级社会的技术理性一体化后的合理性。价值的合理性,一方面体现理性发展的进步性,另一方面也应该体现感性发展的进步性,而资产阶级社会的合理性发展仅体现在理性一面,感性一直备受压抑,这一方面是社会工业化生产的需要,另一方面也是对人的本能的一种恐惧。因为知道人的感性释放的力比多具有毁灭性的力量,所以,为了实现资产阶级少部分人的利益,势必会通过压抑人的感性从而达到攫取集团或个人最大利益的目的。人的感性一旦被释放,新的感性随之产生,随即宣布了被压抑、被规范的"奴役状态"的终止,而私有制的统治政权也即将面临垮台的危险。为了防止这种可以预见的危险,资产阶级利用文化的俗化方式,将高雅艺术、精英艺术通过商品化再生产的方式大量投入消费社会,使曾经令人难以企及的上层艺术变为普通大众可以购买和消费的商品,从而满足人们对感性升华的需求。这种看似体现社会民主、公平、自由的改造方式,实际上就在顺从市场经济规律的同时,使社会的批判性、否定性元素正在不断地被调和和洗刷,精英阶层和反对派不再具有呼吁变

---

①马尔库塞.单向度的人:发达工业社会意识形态研究[M].刘继,译.上海:上海译文出版社,2020:28.

革社会的话语权，他们成为大众的一分子，社会只呈现出统治和被统治的两个阶级，没有质的不同，只有量上的区别。统治阶级进行的文化的俗化方式并不是完全悄无声息的，也有敏感意识的反抗者对社会已提供的现成的所看、所听、所触及的东西进行本能的抵制，他们已无法再接受现成的被安排的一切事物，而且无法再进行自由的个人意志的表达。他们对文化的俗化进行抗议，希望废除或扬弃既定文化中被理想化的、压抑的力量，而不是抗议文化的所有内容；"它抗议的是把自由与平等视为'内在'价值——即在上帝面前、在法律面前的良心的自由和抽象的平等，因此或多或少可以与实际的不自由、不平等和谐共处——的文化，抗议的是爱情的浪漫化、内在化，抗议的是虚幻的美化和减轻现实的恐怖"①。文化不应是充满攻击性和破坏性内容的展示，它是人类创造性活动在不同历史阶段对人的物质及精神生活的平衡，理性或者感性的任何一方作为统治因素都有可能唤起人们反抗的俗化倾向，也就使越来越多的被压抑者重新站起来宣布个体的独立和自由。

马尔库塞认为，当人们对社会中的支配性要求进行反抗时，意识的触角就已伸出限制之外，这时候需要用想象力对未来的生活进行重构，也就使感性被再次解放。感性的解放有助于将艺术还原至它本身应有的位置，即使用俗化的方式抗议艺术的俗化也只是特定历史阶段的特殊做法，因为，艺术融入生活本身就是对艺术的否定。感性解放后，它通过对人的本能的唤醒，从而对人的理性进行解放，不再使支配性规则成为统治社会的唯一规则。这种观点承认了历史是运动的，但是论述的内容却具有浪漫主义特征。对此，马尔库塞从康德的"第四批判"，即创造性的想象力批判的论证入手，阐述了想象力可以担负起社会变革责任的观点。因为在他看来，想象力的产生本身也是人类社会发展过程中的具体内容，它并没有外在于现实世界成为灵魂领域的内容，而是可以与现实保持一种辩证的关系。通过想象力，人类创造了文字、艺术、文学和音乐等，它体现了现实的真实性和连续性。马尔库塞进一步表示，"一切权利归于想象力"不仅仅是人类文化的反抗性表

①马尔库塞．马尔库塞文集：第二卷　走向社会批判理论［M］．高海青，陶焘，译．北京：人民出版社，2010：131.

达，更有政治内容的体现，因为如果一旦实现了这种变革，那么关于人类社会中的社会关系、生产方式、社会制度等一切内容都要进行重构，甚至影响到社会阶层划分的调整，那么它也就很明显地展现了它所具有的“元政治”力量的意义。

在《单向度的人：发达工业社会意识形态研究》一书中，马尔库塞以批判发达工业社会意识形态为主要目的，并高度概括了“无反对派”的发达工业社会之当代社会独特现象——“单向度的人”，他超越了韦伯等人对科学技术理性的批判维度，为推进西方马克思主义文化哲学的发展做出了贡献。马尔库塞在“超越单向度的人”中寻求从文化领域解决“单向度的人”之生存困境是具有一定合理性的，但是他并没有更进一步提出具体的解决问题的方案，仅设想通过文学、艺术、审美、想象力等实现社会变革、唤醒个体内在的反抗力量，这似乎显得过于抽象。理论上的任何预设都要与实践相联系才能得以实现，否则就会陷入形而上学。倘若不走出西方发达资本主义社会的政治、经济、文化、历史的环境而放眼世界，超越“单向度的人”就仍是徒有虚名。

“对等互动的人”则基于中国传统阴阳互动文化哲学以及中国当代多元对等互动文化哲学，对“超越单向度的人”之问题尝试寻找解决之策。它拒绝以西方二元对立、个人至上的思想理解世界，而是以独立、平等、尊重、温和的态度面对世界，将世界历史文化看作一个整体互动的结构和过程，以“个体化理解世界”的方式对世界人类整体文化中可吸收利用的材料进行审视和改造，在尊重规范性文化的个体化创造性实践活动的过程中通过文本、文化符号等记载个体独立的思想和观念，形成个体与文化之间的互尊互动关系。这既是对文化和制度的要求，也是对个体的要求，并不设定双重标准。

首先，“对等互动的人”不以释放死亡本能的毁灭性力量来与外部世界进行激烈的“肉搏”，也不以抽象、梦幻的想象力、审美力来释放感性生命世界的能量，“肉搏”式的外部反抗或抽象的感性能量分别走向了二元对立的两个极端，即使如同马尔库塞所预设的那样，人的感性生命能量得到了完全的释放，理性发展却由此受到抑制，那么这会不会又产生一种“单向度的人”？因此，“对等互动的人”拒绝二元对立式的思维模式，在尊重人类文化的整体性前提下，将个体视为具有主体性创造力的独立存在，始终维护其从生命复杂性到创造性追求的完整统一。无论是西方肯定性文化对“灵魂”的商品化收编，还是消费社会中物质选择的虚假丰裕，本质上都是世界被割裂为物质与精神二元对立这一现代性困境的必然症候。现代性哲学的发展使人们认识到个体作为独立的、完整的存在可以解决各种“分离”所带来的难题，并进行了多种回归人的主体性的尝试。但独立的、完整的个体塑造又不是简单的“正反合”。“正反合”之“合”并未对此前的“正”与“反”做创造性的改造，它只是简单遵循辩证法的逻辑思维进行的“叠加”，而完整的、独立的个体之“合”是具有内在批判并在改造“正”“反”的基础上生成的继承与发展并立的“合”。批判也不等于以肉眼可见的反抗形式与外部世界“肉搏”，而是在理解、尊重前人文化的基础上以不拒绝、不抛弃的态度在个体内在世界进行创造性的改造，形成可以影响世界的独立思想或观念，并让人按照这样的思想和观念去实践。

其次，“对等互动的人”的本质在于要形成个体主体性的创造活动，否则仅仅依赖感性生命的解放还不足以在不同文化、个体、群体之间进行对等交流，突破不了受这样的文化或者那样的文化控制的格局，也突破不了受感性本身制约的格局。也就是说，“对等互动的人”要求个体将自己划分为感性生命复杂的人和自我创造独立的人，并保持两者的对等互动关系，所以“对等互动”首先不是个体针对外在世界的态度，而是针对自己内在“生命—文化”两种世界的态度，并只有同时尊重自己的两种世界才能保证自身的完整性，也才能开始与异于自身的外在世界真正形成对等互动的关系。在逻辑上看，这就等于说，个体自己就是单向度的人，并必然只能单向度地与世界打交道，突破不了或者依附世界或者对抗世界之逆反循环的模式，仍有因外在力量对其整体性进行“分离”而出现“单向度”发展的可能。因此，“对等互动的人”只有不断丰富自己内在的多元化认知，才能与外部世界展开多元化的交往。所以解决“单向度的人”的问题关键还在于个体内在世界的认知的去单一性——在西方二元对立文化本质上是第一性哲学建构出来的绝对真理的文化意义上，对等互动的个体坚信世界是多元化的，你自己是多元对等之“丰富”，世界才能是对等之“丰富”。

这也意味着，政治、经济、文化、科技、意识形态等任何领域都要在历史的、全面的、对等互动的基础上协调发展，既不能“唯经济论”也不能“唯科技论”单向度地发展，自然也就不能“唯伦理”性发展、“唯私利”性发展。“唯”之思维其实就是造成各种人的异化问题的根本原因。因为世界是“不唯”而复杂的。马克思主义文化哲学的中国化实践，就是要向宇宙和自然世界学习“如何不唯”，简单地说，就是继续保持物质世界和自然世界那样的复杂循环运转，避免各种异化问题的“文化性的返回宇宙和自然”的价值取向。

二、从“感性生命的人”到“创造追求对等互动的人”

自古以来，自然世界一直具有大于人类世界的原生丰富性。在不断探索自然世界的过程中，人类形成了丰富的物质世界和多元的精神世界，而文化作为人类独特的实践活动成果，同样具有丰富多元的属性。但自然性的感性生命和文化性的多元创造是具有不同性质的存在，因此有“对等互动的感性生命主体与文化创造主体”。这里使用的“感性生命主体”区别于康德所说的理性主体，是指包括动物生命在内的原生生命在侵犯和伤害面前本然性抗争的生命力主体。生命力主体具有不依赖人的理性建构的自发的维护生命尊严的力量。远古人类始终对自然世界原生丰富特性持尊重和敬畏的态度，这为他们后来在人类长河中顺利繁衍和发展奠定了坚实的基础。自进入近现代以来，人们以“我思故我在”的方式重新颠覆性地思考人与自然的关系，打开了人类跨越物质文明高度发展的大门。但理性和感性之争在康德这里已经具有理性为自然和感性立法的意味，他站在理性主体的立场上轻视了自然生命力主体，使休谟的“我感觉我存在”的观点始终不可能在理性文化层面上得到论证。

因此，马克思关于人的全面解放与发展的理论实际上也是在指引人类重新找回人的自然生命的复杂本能。马克思从政治解放、劳动解放、个体解放中不断探寻解放人类被束缚的感性生命的路径，并通过理论论证表明，人类的自由解放与全面发展不会一蹴而就，一定是在曲折中不断前进的。因此，如何推动感性生命解放是一个与时俱进的问题。人们要在人类历史的发展过程中具体研究感性生命解放的路径。而人类自直立行走之后，在具有创造文化的能力后，始终都是以不断创造性地展开生命活动的实践而向前发展的。因此，感性生命的解放无论在任何历史阶段，都要通过具有创造追求和创造实践的活动来将其具体化。吴炫教授提出的“文化创造性个体”概念用以区别“维护感性生命的生命力”概念，就在强调今天的文化哲学，强调将马克思主义的创造性的“感性生命”划分为“自然感性生命力主体”和“人为文化创造力主体”两个对等互动的实体，前者回答自然性感性生命没有自己的主体的问题，后者突破西方认识论意义上的“理性”“意识”“主客体”框架，将创造力引入理性并为理性功能赋予价值意义。由“感性生命的选择性创新”走向“文化思想的独特创造”，实现二者的对等互动。

所谓“感性生命”与“创造追求”的辩证统一，其“对等性”的首要内涵在于：自然界复杂生命系统的价值，从来不低于人类文明的创造性成果。轻视自然界的人类今天反而要向自然界学习，这就是轻视大自然所得到的启示。自然生命系统的有机复杂性既不会引发生态失衡，也不会导致如人类文明中“趋善避恶”衍生的功利主义或禁欲主义引发的纵欲现象。这一事实表明：有机的复杂自然系统与无机的简化文明形态，本质上是两种各具优劣的存在方式。因此，二者的关系只能是价值对等的共生关系，而非自然屈从于人类文明的等级关系。“自然的人化”只是借自然建立人文，而不具有轻视自然的复杂性意味。

而“互动”则是指：一方面，自然生命的复杂性与人类文化的单一性必然产生矛盾关系，这种矛盾关系也可以用“异化”来理解，正是因为这样的矛盾，自然性生命作为人的半壁江山才可以向人类文化提出各种挑战，这样的挑战以问题的方式体现“自然感性生命创造人类文化”，所以一旦自然感性生命被文化异化、同化以至“人同此心”，那么自然感性生命就失去了对人类文化创造的挑战力，人类文明就进入只能延续而衰落的历史进程中。另一方面，人类文化创造通过人的本质力量对象化，这体现在改造自然世界上，是人类文化能动地改造自然生命世界的体现。这种改造在褒义上是建立了一个脱离野性和野蛮的文明世界，使人的生命获得保障并享有自由，同时，这种改造毫无疑问地产生了一个生命力孱弱、免疫力不如自然生命的世界，且造成了严重的生态危机，所以其正负功能是参半的。因为正负功能参半，所以我们也不能说人类对自然的改造优于自然生命世界，自然生命力主体向人类发问：人类改造世界的目的究竟是什么？

如果从人类文化对等互动的视域来看，西方技术理性高速发展作为西方文化的独特形式之一，实际上并未与世界其他民族文化进行对等的交流和互动，所以中西方文化也是一个不对等的世界，这样的不对等，也必然使西方文化中心主义与自然界是一个不对等的关系世界。正是这样的不对等，才产生西方哲学家视域中各种人性异化的问题，因此马克思提出以感性生命的解放作为人类理想社会的命题。马尔库塞一方面并未考虑通过吸收世界其他民族文化的养料来解决“单向度的人”的问题，他解决“单向度的人”之问题时似乎只在西方文化内部寻求答案；另一方面他在生物学领域思考的感性生命的问题还没有上升到用自然感性生命力主体的纬度去考虑生命的全部复杂性内容，如爱欲其实只是生命复杂性的一个纬度而已，艺术不是解决技术文明的手段。马尔库塞的解放理论虽然试图克服工具理性对自然的支配，但其理论基底仍深植于古希腊以降的主体、客体二元对立认识论，未能完全突破人类文明对自然生命的宰制性思维范式。

三、从“对抗性的人”到“非对抗性创造改造世界的人”

不论是在西方技术理性发展中形成的无思想性、否定性、创造性的“单向度的人”，还是马尔库塞预设的通过感性生命解放而实现的“超越单向度的人”，在面对阶级社会的矛盾与冲突时都具有“对抗性”的特征。因为他们并不是以独立、平等、尊重、温和的态度面对世界，将世界历史文化看作一个整体性过程，而是以西方二元对立、个人至上的思想理解世界，所以从某种意义上来说，二者也是“对抗性的人”。“对抗性的人”很难成为“我只是把对象作为材料建构自己的世界”这一“非对抗性的创造改造世界的人”①。

马尔库塞希望通过感性生命解放的预设唤醒西方被压抑得在情感上“沉睡”的个体，并认为个体哪怕是释放死亡本能的反抗力量，也好过处于麻木、接受压抑的状态，所以，他认为“对抗性”是有利的。但是当个体显示出暴力变革社会的“对抗性”力量后，该如何合理地使用这种力量，他却没有给予具体的说明。实践证明，“把孩子和洗澡水都倒了”并不是真正解决问题的办法，即使西方社会仍处于个体被压抑的极权统治时期，它所带来的物质社会的繁荣也并不全都是有害的。相对于资本主义社会以前的其他社会形态，资本主义社会创造了史无前例的文明成果。所以，辩证地理解、改造并保留西方乃至中国社会中既有的文化成果，要比全盘否定更具有创造性实践的意义。通过个体化的世界观照方式，人类对文化资源进行批判性审视与创造性转化，在遵循文化规范的同时开展个性化实践——这种以文本、符号为载体记录独立思想，并构建跨文化平等对话基础的过程，最终实现了主体内外维度、批判与创造功能的辩证统一，并由此塑造出一种区别于“对抗性主体”的“非对抗性改造世界的主体范式”。

非对抗性的“尊重又内在创造改造世界的人”会拒绝西方二元对立式的思维模式，也会审视儒家依附六经进行学术解释的非创造性思维方式，在尊重人类文化的整体性前提下，将个体看作主体性创造的文化独立整体，使得自己的使命就是建立“自己的文化世界”。无论是西方肯定性文化中对“灵魂”的概念化收编，还是生活领域中对过剩的物质选择，在创造性改造世界的实践中，这些要素都将被转化为可供驾驭的质料，而不会成为束缚主体的桎梏。理性与感性、技术与政治、物欲与爱欲——这些对立统一的要素共同构成了创造性改造世界的基本质料。真正的创造在于通过哲学性的自我重构，将这些要素进行超越现实的辩证综合，从而建构出一个可供主体栖居的文化观念世界。

①吴炫.中国创造性文化的特性及其存在形态[J].文艺理论研究，2020(3)：1－14.

实际上中国的诗人苏轼就是这样做的。权力、百姓、儒家、道家、快乐、痛苦、顺境、逆境等,都是他随物赋形哲学所使用的材料。既然是材料,苏轼就没有必要对抗权力,而是用权力为百姓造福。这样,苏轼就建立起自己的"达观"世界,现实中的任何痛苦和快乐,均从属于自己的"达观"体验。这也是苏轼从来不会反对儒家、道家,也不会反对政论中的对手的原因。"尊重世界又内在创造性改造世界的人"本质在于会形成个体的创造性主体而不是感性主体或理性主体。创造性主体可以与不同文化、个体、群体之间对等交流,这也是苏轼"达观"世界的重要组成部分。

如果马尔库塞寄希望于"不抱希望的人"、学生运动、女权运动、白领阶层运动等社会部分群体的反抗力量冲破技术理性操控下的一体化社会生活,那么这个"反抗"就具有否定、拒绝甚至是毁灭的含义,它是毁掉现阶段所有不满后推翻重来的变革,但在垄断资本主义社会不改变社会制度和结构的前提下,这样的反抗力量不具有实践意义。对马尔库塞来说,已具有反抗力量的群体,他们从文化素养、人格结构、思想观念等方面看,既不属于社会精英阶层,也不属于代表先进生产力的广大工人阶级,那么如何保证他们能够客观、理性地在"大拒绝"西方资本主义文化的过程中有所甄别地对待不同文明成果的去留?如果按照马尔库塞所说,反抗者并不是要拒绝所有文化,只是对文化中束缚个体感性自由的部分进行解放,那么对个体感性自由的定义又是多样化的,该以何种标准普遍化地解释这样的多元化?普遍化又如何与技术理性下的一体化进行区别?对此,马尔库塞也并未给出解决方案。

因此,中国传统文化中尊重并创造性改变世界的个体化创造经验就可以作为解决西方当代个体与阶级对立的资源来出场了,中国当代对等互动文化哲学将系统的创造性文化资源予以理论建构。唯有在充分尊重既有文化世界与自然世界,并与之建立平等对话关系的前提下,通过培养个体独立认知世界的能力,开展内在创造性实践,将个体对世界的独特理解转化为生活实践的指导原则,方能真正克服"单向度的人"所陷入的对抗性困境及其衍生的悲观主义宿命。如果没有个体对世界的独特理解所生成的文本与符号、思想与实践，那么就不可能形成任何一种“文化个体”①。“文化个体”也不是“超越单向度的人的对抗性个体”，而是像《荷马史诗》《圣经》《易经》《道德经》这样的创造性文化主体之载体，是苏格拉底、庄子、司马迁、苏轼、曹雪芹这样的创造性主体，他们自然也可以成为每个创造性主体的榜样。这样的创造性主体拓展了文化多元对等互动的世界，拓展了感性个体“反抗”世界所不能包括的丰富思想内涵，这或许可以给中西方文化哲学的未来指明一条可实践的路径。

---

①吴炫．试论人类文化创造的多元对等关系：马克思主义文化哲学的中国化建构思路[J]．江苏行政学院学报，2018(1)：40．

参考文献

[1] 芬博格. 海德格尔和马尔库塞:历史的灾难与救赎[M]. 文成伟,译. 上海:上海社会科学院出版社, 2010.

[2] 麦克莱伦. 青年黑格尔派与马克思[M]. 夏威仪,陈启伟,金海光,译. 北京:商务印书馆, 2015.

[3] 程巍. 否定性思维:马尔库塞思想研究[M]. 北京:北京大学出版社, 2001.

[4] 陈学明. 对"西方马克思主义"的新认识[J]. 教学与研究, 2008(9).

[5] 邓晓芒. 德国古典哲学演讲录[M]. 长沙:湖南文艺出版社, 2017.

[6] 邓晓芒. 思辨的张力:黑格尔辩证法新探[M]. 北京:商务印书馆, 2008.

[7] 黑格尔. 小逻辑[M]. 贺麟,译. 北京:商务印书馆, 2013.

[8] 黑格尔. 哲学史演讲录:第一卷[M]. 贺麟,译. 上海:上海人民出版社, 2013.

[9] 何萍. 马克思主义哲学与文化哲学[M]. 武汉:武汉大学出版社, 2002.

[10] 马尔库塞. 单向度的人[M]. 刘继,译. 上海:上海译文出版社, 2014.

[11] 中共中央马克思恩格斯列宁斯大林著作编译局. 列宁选集[M]. 北京:人民出版社, 1995.

[12] 阿比奈特. 现代性之后的马克思主义:政治、技术与社会变革[M]. 王维先, 马强, 禚明亮,译. 南京:江苏人民出版社, 2011.

[13] 陆俊. 马尔库塞[M]. 长沙:湖南教育出版社, 1999.

[14] 李小兵. 当代西方政治哲学主流[M]. 北京:中共中央党校出版社, 2001.

[15] 刘静芳. 综合创造的哲学与哲学的综合创造:张岱年《天人五论》研究[D]. 上海:华东师范大学，2005.
[16] 中共中央马克思恩格斯列宁斯大林著作编译局. 马克思恩格斯文集[M]. 北京:人民出版社，2009.
[17] 马克思. 1844 年经济学哲学手稿[M]. 中共中央马克思恩格斯列宁斯大林著作编译局,译. 北京:人民出版社，2000.
[18] 马克思，恩格斯. 德意志意识形态[M]. 中共中央马克思恩格斯列宁斯大林著作编译局,译. 北京:人民出版社，2003.
[19] 马克思，恩格斯. 共产党宣言[M]. 中共中央马克思恩格斯列宁斯大林著作编译局,译. 北京:人民出版社，2009.
[20] 苗力田. 古希腊哲学[M]. 北京:中国人民大学出版社，1995.
[21] 吴晓明. 社会现实的发现:黑格尔与马克思[J]. 马克思主义与现实，2008(2).
[22] 吴炫. 否定主义文艺学[M]. 北京:北京大学出版社，2020.
[23] 魏红娟. 马尔库塞社会批判理论及其现实意义:以《单向度的人》为例[J]. 浙江理工大学学报(自然科学版)，2010(3).
[24] 俞吾金. 现代性现象学:与西方马克思主义者的对话[M]. 上海:上海社会科学院出版社，2002.
[25] 俞吾金. 马克思对现代性的诊断及其启示[J]. 中国社会科学，2005(1) .
[26] 杨楹. 论“以人为本”的解放旨归[J]. 马克思主义与现实，2008(2).
[27] 张雄. 历史转折论:一种实践主体发展哲学的思考[M]. 上海:上海社会科学出版社，1994.
[28] 赵仲英. 马克思早期思想探源[M]. 昆明:云南人民出版社，1994.
[29] 张一兵，胡大平. 西方马克思主义哲学的历史逻辑[M]. 南京:南京大学出版社，2003.
[30] 朱立元. 二十世纪西方文论选:上卷[M]. 北京:高等教育出版社，2002.
[31] 庄福龄，孙伯鍨. 马克思主义哲学史[M]. 北京:北京出版社，1988.

[32] 朱春艳.《现代技术的一些社会意义》马尔库塞社会批判理论的转折点[J].科学技术哲学研究，2016(4).
[33] 赵建军.超越“技术理性批判”[J].哲学研究，2006(5).
[34] 张婷婷.感性异化与感性解放:对马尔库塞的爱欲解放思想的分析[D].上海:复旦大学，2013.